grafit

© 2012 by GRAFIT Verlag GmbH
Chemnitzer Str. 31, 44139 Dortmund
und dem Autor.
Internet: http://www.grafit.de
E-Mail: info@grafit.de
Alle Rechte vorbehalten.
Umschlagillustration: Jörg Hartmann, www.extrakt.de
Druck und Bindearbeiten: CPI – Clausen & Bosse, Leck
ISBN 978-3-89425-404-9
1. 2. 3. 4. 5. / 2014 2013 2012

Jürgen Kehrer

Wilsbergs Welt

Kurzgeschichten
mit und ohne Wilsberg

Der Autor

Jürgen Kehrer, geboren 1956 in Essen, lebt in Münster. Er ist der geistige Vater des Buch- und Fernsehdetektivs Georg Wilsberg. Neben bisher achtzehn Wilsberg-Krimis veröffentlichte er auch historische Kriminalromane sowie Sachbücher zu realen Verbrechen. Das zuletzt erschienene fiktionale Werk heißt *Fürchte dich nicht!*, ein Thriller, in dem es um mutierte und durch Zecken übertragene Viren geht. Immer wieder verfasst Jürgen Kehrer außerdem Wilsberg-Drehbücher für das ZDF.

www.juergen-kehrer.de

Inhalt

Wilsbergs Welt

Der Krötenmann

Er hatte wirre Haare und sein Blick flatterte wie eine aufge-
scheuchte Fledermaus durch das Café am Domplatz.

»Haben Sie kein Büro?«

»Doch«, sagte ich. »Aber da sind gerade die Maler. Nach
zehn Jahren war das mal notwendig.«

Fast wie auf einem Display konnte ich seine Gedanken lesen: *Armer Schlucker – hat nicht mal eine Sekretärin – war es
ein Fehler, ihn anzurufen?*

Am Telefon hatte er sich Wolfgang Wagner genannt und
behauptet, die Angelegenheit sei dringend. Und das war für
mich ein guter Anfang: Bei dem Wort *dringend* erhöhte ich
meinen üblichen Tarif automatisch um zwanzig Prozent.

»Nun?«, fragte ich, dem leibhaftigen Wagner auf die Nase
schauend, weil es sich dabei um den Punkt in seinem Gesicht
handelte, der sich am wenigsten bewegte. »Um was geht es
denn?«

Mein Klient nahm einen hastigen Schluck aus seinem
Wasserglas und bekam ein paar Tropfen in die Luftröhre.
»Um Kröten«, presste er hervor.

»Sie meinen: Kröten wie Moos, Asche, Penunzen, Schot-
ter, Kohle – also Geld?«

»Nein.« Er hustete erbärmlich. »Ich meine Kröten wie
Kröten. Erdkröten, um genau zu sein, wissenschaftlich *Bufo
Bufo*. Amphibientiere, im weitesten Sinn zu den Lurchen
gehörend. Sie sind zwar nicht direkt vom Aussterben bedroht, aber doch sehr, sehr gefährdet.«

»Hmmm«, machte ich. »Sind Sie sicher, dass Sie im Tele-
fonbuch unter P wie Privatdetektiv nachgeguckt haben? Ich
bin nämlich mehr für die anderen Kröten zuständig, Sie
wissen schon ...«

»Natürlich, Herr Wilsberg«, bestätigte Wagner mit einem Kopfnicken und einer Stimme, die sich wieder unter seiner Kontrolle befand.

»Ich brauche Unterstützung, in jeglicher Hinsicht. Krötenwanderung – was sagt Ihnen das?«

Ein dreieckiges, rot umrandetes Verkehrsschild mit einer Kröte kam mir in den Sinn. »Kröten, die eine Straße überqueren?«

»Genau das ist das Problem.« Auf Wagners Gesicht fiel ein Unglücksschatten. »Kröten überwintern in Erdhöhlen und Astlöchern. Erst im Frühling werden sie wieder aktiv. Dann suchen sie einen Teich, um zu laichen. Normalerweise denselben Teich, in dem sie zur Welt kamen. Ein ewiger Kreislauf, den wir Menschen brutal zerstören, indem wir eine Straße in die Landschaft asphaltieren. Wie soll eine Kröte ahnen, welche Gefahr von einem Auto ausgeht?«

Ja, wie sollte sie? Andererseits: Was wusste ich schon vom Leben der Kröten? Irgendwie waren wir uns immer fremd geblieben, die Kröten und ich.

»Es genügt, wenn Autos dicht an Kröten vorbeifahren. Dann ...«, Wagner klatschte so vehement in seine Hände, dass zwei Studentinnen am Nachbartisch erschrocken zusammenzuckten, »... tötet sie der bloße Luftdruck. Jeden Tag ...«, Wagners Unterlippe zitterte, »... finde ich Dutzende toter Kröten auf der Straße.«

Zweifellos ein schlimmes Schicksal, nicht nur für Kröten, sondern auch für Menschen, die Kröten liebten. Aber was konnte ich daran ändern?

»Gibt es nicht ...«

»... Krötenzäune?«, fiel mir Wagner ins Wort. »Ja, und sie helfen tatsächlich – ein bisschen. Jeden Morgen und jeden Abend sammle ich die Kröten aus den eingegrabenen Eimern und bringe sie über die Straße zum Teich. Aber dafür brauche ich Sie nicht, Herr Wilsberg.«

Wofür denn?, wollte ich schon fragen, doch Wagner kam mir zuvor: »Wir treffen uns heute Abend. Dann zeige ich Ihnen, was ich von Ihnen erwarte.«

Der Frühlingsabend war warm und feucht. Krötenwetter, wie mir Wagner später erklärte.

Wir trafen uns im tiefsten Gievenbeck, einem münsterschen Stadtteil mit alten Einfamilienhaussiedlungen und neuen Wohnblocks. Zwischen Beton und Jägerzäunen floss der Gievenbach und an seinem Rand wuchsen ein paar Bäume und Sträucher. Wagner trug jetzt Gummistiefel und Taschenlampe, an einer Hand baumelte ein Plastikeimer.

»Schauen Sie!« Er hielt mir den Eimer hin und knipste die Taschenlampe an. Ein Gewimmel graubrauner Leiber, ein Gestrampel von Ärmchen und Beinchen, begleitet von kläglichem Gefiepe.

»Hier!« Wagner setzte mir eine Kröte auf die Hand. »Sieht sie nicht goldig aus?«

Die Kröte glotzte trübe ins Licht. Sie fühlte sich glitschig an wie ein Stück Seife mit Herz und Muskeln.

»Ein Männchen.« Wagner platzte fast vor Stolz. »Die Männchen sind etwas kleiner als die Weibchen.« Er griff erneut in den Eimer und brachte eine fette Kröte zum Vorschein, auf deren Rücken sich eine kleinere festklammerte. »Ein Doppeldecker«, strahlte Wagner. »Putzig, oder?«

»Sie meinen, die beiden treiben es gerade?«

Der Krötensammler berührte das Männchen, das sofort heftig zu strampeln begann. »Sie mögen es gar nicht, wenn sie gestört werden.«

»Geht mir auch so«, sagte ich und dachte: Wie kommst du bloß aus dieser Nummer wieder raus, ohne komplett auf dein Honorar zu verzichten?

»Hey, Alder«, rief eine Stimme knapp jenseits des Stimmbruchs.

Über die Beschäftigung mit dem Liebesleben der Kröten hatte ich die Umgebung aus den Augen verloren. Etwa zehn Meter von uns entfernt stand eine Gruppe von fünf männlichen Jugendlichen. Mit ihren schlabbrigen Hosen und Jacken, den tief in die Augen gezogenen Kappen und den Holzknüppeln in ihren Händen verbreiteten sie eine aggressive Grundstimmung.

»Willste zugucken, wie wir ein paar Kröten plattmachen?« Für den Fall, dass wir nicht begriffen hatten, was er meinte, ließ der Junge den Knüppel in seine Hand klatschen.

»Das ist das Problem«, zischte Wagner. »Fehlgeleitete Jugendliche, die sich einen Spaß daraus machen, Kröten zu quälen. Allein bin ich einfach hilflos.«

Nun hatte ich zwar auch keine Lust, mich mit fünf mehr oder weniger bewaffneten Jugendlichen zu streiten, was, im Licht des abnehmenden Mondes betrachtet, nicht gut für mich ausgegangen wäre, doch schienen mir die fünf noch nicht alt, noch nicht betrunken oder berauscht und auch noch nicht hemmungslos genug, um aufs Ganze zu gehen.

Deshalb machte ich mich zu dem Grüppchen auf den Weg, wobei ich mich bemühte, einigermaßen sportlich und entschlossen auszusehen.

»Wer sind Sie denn?«, fragte der Wortführer, der Kleinste und unter den Dummen vermutlich der Klügste.

»Security«, sagte ich und zeigte für Sekundenbruchteile meinen Privatdetektivausweis.

»Die Anwohner haben mich engagiert, zum Schutz für die Kröten. Ich rate euch: verschwindet. Ich habe nämlich einen schwarzen Gürtel.«

»Schwarzer Gürtel in was?«, lachte der Kleine, allerdings klang seine Heiterkeit etwas angestrengt.

»Versuch lieber nicht, es herauszufinden.«

»Mach keinen Stress, Luis«, sagte einer der Größeren. »Scheiß auf die blöden Kröten.«

»Passen Sie auf sich auf«, knurrte Luis zum Abschied. »Wir kommen wieder.«

»Und ich auch«, rief ich ihnen hinterher. »Sucht euch lieber eine andere Freizeitbeschäftigung.«

»Das war großartig.« Wagner klopfte mir anerkennend auf die Schulter. »Da zeigt sich der Profi.«

Ich sagte ihm nicht, dass ich mich alles andere als wohlgefühlt hatte und mein Herz noch immer weit oberhalb der kassenärztlich empfohlenen Schlagzahl pochte.

»Kommen Sie.« Wagner zog mich am Arm. »Bringen wir die Kröten zum Teich.«

Der Teich lag hinter einem Metallzaun mit Tür, zu der Wagner einen Schlüssel besaß. Wir schritten über eine Wiese zum sandigen Ufer des Gewässers. Hier, ein Stück von den Straßenlaternen entfernt, warf nur der magere Mond sein bleiches Licht auf die Wasseroberfläche. Wagner leerte den Eimer aus, die Kröten fiepten wieder ein bisschen und machten sich dann brustschwimmend davon.

»Die meterlangen Laichschnüre hängen sie dort drüben ins Schilf«, sagte Wagner und streckte seinen Arm aus.

Mein Blick folgte der Richtung seines Zeigefingers und entdeckte etwas, das sich zwar auch um die grünen Stängel gewickelt hatte, aber ganz und gar nicht wie Laichschnüre aussah. Mehr wie lange blonde Haare, die zu einem Kopf gehörten, der mitsamt dem restlichen Körper im Wasser schwebte. Einem Frauenkörper.

»Sehen Sie das?«, stieß ich hervor.

»Ja«, sagte Wagner. »Meine Frau.«

»Was?«

»Sie war das zweite Problem. Sie wollte einfach nicht akzeptieren, dass mich die Kröten brauchen. Jeden Morgen und jeden Abend dieselben Vorwürfe.«

»Und da haben Sie sie ...«

»Ich fürchte ja, Herr Wilsberg.«

Scheiße. Meine Gedanken rasten. Der Typ war ja schlimmer fehlgeleitet als die subbegabten Jugendlichen. Und ich stand arglos neben ihm. An einem Ort, an dem mich so schnell niemand suchen würde.

Ich drehte mich zu ihm um. Besser gesagt, zu der Stelle, an der er sich gerade noch befunden hatte. Denn er war weg. Von den ringsum wuchernden Sträuchern und der Finsternis verschluckt. Scheiße hoch drei.

Ohne lange nachzudenken, sprintete ich zum Zaun. Nicht dahin, wo ich die Tür und Wagner vermutete, sondern zur gegenüberliegenden Seite. Und erst nachdem ich den Zaun überklettert und das erste Wohnhaus erreicht hatte, wählte ich die Notrufnummer.

Die Blauuniformierten kamen zu viert und in zwei Streifenwagen. Ich führte sie zum Teich und zeigte ihnen das Schilf. Einige Kröten machten *öök, öök*, andere *ük, ük, ük*.

»Und wo ist jetzt die Frauenleiche?«, fragte einer der Polizisten.

Ja, das war die Frage. Sie war verschwunden.

»Vor zehn Minuten lag sie noch im Wasser«, antwortete ich.

»Soll das ein Scherz sein?«, erkundigte sich der Polizist.

Meine Erklärungsversuche gefielen den Ordnungshütern nicht. Sie nahmen mich mit und übergaben mich im Polizeipräsidium den Kripoleuten von der K-Wache. Die K-Wache ist in der Nacht für alles zuständig. Auch für Spinner, die Leichen sehen, wo gar keine sind.

»Ich weiß sogar den Namen der Leiche«, sagte ich den beiden Kriminalbeamten, die mir im Vernehmungsraum gegenübersaßen. »Zumindest den Nachnamen: Wagner.«

Die Polizisten guckten sich an. Ihre Augenbrauen zuckten verdächtig. »Die Frau von Wolfgang Wagner? Dem Krötenmann?«

»Richtig.«

Das Zucken übertrug sich auf den Mund und andere Gesichtspartien. Dann lachten sie, bis ihnen die Tränen kamen.

»Verraten Sie mir die Pointe?«, fragte ich leicht entnervt.

»Der ruft dauernd bei uns an. Und immer geht es um seine Kröten. Mal lauern angeblich irgendwelche Jugendliche …«

»Die habe ich auch gesehen«, warf ich ein.

»Ja, weil er sie selbst bezahlt. Das sind harmlose Kinder aus der Nachbarschaft, die keiner Kröte etwas zuleide tun würden.«

»Sie meinen, die haben das nur gespielt?«

»Die sind genauso wenig echt wie Ihre Leiche«, grinste der Polizist. »Der Krötenmann tut einfach alles, um Aufmerksamkeit für seine Viecher zu ergattern. Ich wette, seine Frau hat sich mit einem Thermoanzug und einem Plastikrohr in den Teich gelegt und für Sie die Wasserleiche gegeben.«

Ich war noch nicht überzeugt: »Und was bringt der ganze Aufwand?«

Die Tür ging auf und ein nach Chef aussehender Mann betrat den Raum. »Was ist los? Habt ihr hier einen dicken Fisch an der Angel? Draußen lungern mehrere Reporter und ein Kamerateam herum.«

»Der Krötenmann«, sagten meine beiden Gegenüber wie aus einem Mund.

»Ach du Scheiße«, stöhnte der Chef. »Nicht der schon wieder.«

»Verstehen Sie jetzt?«, sagte der Vernehmungsbeamte zu mir. »Das ist sein Werk. Er ruft die Medien an und lockt sie mit einem angeblichen Knüller. Ich sehe bereits die Schlagzeilen von morgen vor mir: *Leiche im Krötenteich? Amphibientiere bangen um ihren Lebensraum.*«

»Vielleicht hätte ich da eine Idee«, sagte ich.

Der Presseraum des Polizeipräsidiums war zum Bersten gefüllt. Rund zwanzig Journalisten, zum Teil mit Mikros und Kameras ausgestattet, fläzten sich auf den Plastikstühlen.

Frau Wagner, die ihre langen blonden Haare längst getrocknet hatte, knuffte mich in die Seite. »Sie sind uns doch nicht böse, oder?«

»Als Leiche wirkten Sie ziemlich überzeugend«, gab ich zurück. »Ich hätte vor Schreck etwas Dummes tun können, zum Beispiel Ihren Mann verprügeln.«

»Aber es diente der guten Sache«, sagte Wolfgang Wagner, während sein Blick durch den Raum huschte.

»Das hier auch.« Ich zeigte auf die Journalisten. »Sie akzeptieren den Deal?«

Der Krötenmann nickte. »Keine vorgetäuschten Straftaten mehr. Dafür ...«

»Setzen Sie sich bitte!«, sagte der Polizeipräsident zu uns. »Ich begrüße Sie ganz herzlich.« Das galt den Journalisten. »Thema der heutigen Pressekonferenz ist der erste jährliche Bericht zur Sicherheit von Kröten im Straßenverkehr. Fachkundige Unterstützung erhalte ich dabei von einem anerkannten Krötenexperten ...«

Der Rest ist Schweigen

Sandra Lüpkes & Jürgen Kehrer

Erster Akt: Wencke Tydmers verliert den Kopf

»Der Schädel ist weg!« Der rundliche Mann im grauen Flanellhemd stand mit erhitztem Gesicht in der Tür und zog
die Aufmerksamkeit der Trinkrunde auf sich. In der rechten
Hand hielt er einen Oberschenkelknochen umklammert, als
habe er vor, jedem Einzelnen den Hintern damit zu versoh-
len. »Wer von Ihnen hat den verdammten Rohrbach-Schädel
geklaut?«

Wencke musste lachen. Die Situation war einfach zu skur-
ril, und obwohl die ersten strafenden Blicke in ihre Richtung
geschickt wurden, hatte sie nicht übel Lust, auf den Tisch zu
steigen und zu tanzen, obwohl gar keine Musik lief. Es dauerte einige Sekunden, bis sie begriff, dass der aufgeregte
Mann gar nicht zur Gruppe gehörte, sondern der Pförtner
war. Zudem war sein Anliegen ernst gemeint und alles andere als amüsant. Doch sie konnte ihr Kichern trotzdem nicht
abstellen.

»Du hast ja schon einen Schwips!«, bemerkte Axel, und es
war ihm nicht anzusehen, ob er das niedlich oder eher pein-
lich fand.

»Was hast du erwartet? Wir sind doch extra nach Münster
gekommen, um uns nach Strich und Faden zu betrinken.«

Das stimmte nicht ganz. Eigentlich waren sie aus einem
anderen Grund hierhergekommen. Und dieser Grund vertrug sich nur schlecht mit Wodka und Wein: Axel Sanders,
Hauptkommissar aus dem ostfriesischen Aurich, und Wen-

cke Tydmers, Fallanalytikerin des LKA in Hannover, waren zwar der offiziellen Einladung des Instituts für Rechtsmedizin des Uniklinikums Münster gefolgt, um den auf dem Programm stehenden *Selbstversuch zur Wesensveränderung unter Alkoholeinfluss* zu absolvieren, doch in erster Linie wollten sie die Gelegenheit nutzen, sich zu treffen. Am Ende einer Arbeitswoche, fern von nichts ahnenden Ehefrauen, Kindern und Kollegen. Diese feucht-unfröhliche Veranstaltung im nüchtern eingerichteten Vortragsraum war lediglich ein Vorwand, ein Vorspiel, wenn man so wollte. Wirklich wichtig würde es erst in einem der beiden Einzelzimmerbetten werden, die im Hotel *Überwasserhof* derzeit noch frisch bezogen auf sie warteten.

Der Rechtsmediziner, ein sonderbarer Krawatten- und Klobrillenbartträger, der das Experiment leitete und bislang damit beschäftigt gewesen war, die Gläser regelmäßig zu füllen, versuchte nun, den Pförtner zu beruhigen. Der aber schob den weiß bekittelten Arm zur Seite und regte sich noch mehr auf. »Die Glasvitrine mit den Exponaten im ersten Stock ist zertrümmert! Und der Schädel vom Rohrbach fehlt. Wer macht denn so was?« Grimmig nahm der Nachtwächter die Anwesenden ins Visier: Wencke, Axel, eine blond gelockte Jurastudentin, ein Dutzend Jungpolizisten, eine breitschultrige Staatsanwältin mit Grabesstimme und ihr dürrer Kollege aus Dortmund. Sogar der Arzt wurde misstrauisch beäugt. Doch keiner gab sich als schuldig zu erkennen.

Der kurzfristig zum Kommissar mutierte Pförtner schnaubte, machte auf dem Absatz seiner Gesundheitsschuhe kehrt und verließ den Raum, in dem sich niemand mehr etwas zu sagen traute. Außer Wencke natürlich: »Was ist das? Ein Rohrbach-Schädel?«

Die Staatsanwältin zog die Augenbrauen hoch und verlagerte so ihre Hautfurchen unter den rotbraun getönten

Haaransatz. »Sie kennen den Fall Rohrbach nicht? Einer der größten Justizskandale in Nordrhein-Westfalen!«

»Ich komme aus Niedersachsen«, entschuldigte sich Wencke und nahm auf den Schreck einen Schluck Wodka. Als die Staatsanwältin sich verschwörerisch dicht neben sie setzte und mit ihrer Whiskeystimme von dem alten Fall zu erzählen begann, kam fast so etwas wie Kneipenatmosphäre auf.

»Im Frühjahr 1957 machten spielende Kinder einen scheußlichen Fund: Im Aasee schwamm der verstümmelte Unterkörper eines Mannes. Der dazugehörige Oberkörper wurde wenig später im selben Gewässer gefunden, die Beine die Woche darauf. Nur der Kopf blieb verschwunden.«

Ein Viertel Rotwein und drei Schnäpse – Wencke hatte das Gefühl, die Sätze der Staatsanwältin legten sich wie lange Bindfäden um ihren Kopf und verhedderten die Gedanken. »Und was passierte dann?«

»Der Tote war ein etwas unterbelichteter Hilfsarbeiter namens Hermann Rohrbach, der trotz homosexueller Neigungen mit der lebenslustigen und wesentlich intelligenteren Maria Rohrbach verheiratet war. Ebendiese wurde nur ein paar Stunden nach seiner Identifizierung prompt wegen Mordes verhaftet.« Die Staatsanwältin machte ein vielsagendes Gesicht.

»Beweise?«, nuschelte Wencke.

»Aussagen der gehässigen Nachbarinnen, die mitbekommen hatten, dass Maria ganz gern mal einen trank und zudem einen schmucken britischen Soldaten als Liebhaber bei sich zu Hause willkommen hieß. Mit Einverständnis ihres Mannes, wohlgemerkt.«

»Dünne Beweislage.« Wencke winkte den Rechtsmediziner herbei und deutete auf ihr leeres Glas.

»Wie fühlen Sie sich?«, fragte der Weißkittel und schaute Wencke durch seine Klugschwätzerbrille an. »Sollen wir mal pusten?« Er setzte ein neues Mundstück auf das handliche Gerät, in das Wencke bereits ganz zu Beginn, vor dem ersten Glas, ihren noch alkoholfreien Atem gepresst hatte. Jetzt sah die Lage schon ganz anders aus, in diesem Zustand wäre Wencke definitiv nicht mehr in ein Auto gestiegen.

»Null Komma vier«, las er fachmännisch das Ergebnis vom Display ab.

»Mehr nicht? Ich hatte das Doppelte erwartet ...« Sie musste aufstoßen. Null Komma vier, fast war sie enttäuscht. Wo sollte das enden? Sie wollte schließlich heute Nacht noch eine wunderbare Geliebte abgeben, die Gelegenheit bot sich selten genug. »Wie lange muss man eigentlich weitertrinken? Im Normalfall würde ich ja jetzt schon auf Wasser umsteigen.«

Der Rechtsmediziner schaute auf Wenckes Brust und sie dachte erst: Holla, so ein gebildeter Herr Doktor interessiert sich für meine ..., aber dann bemerkte sie das Namensschild, welches dort angeheftet war.

»Sie sind die Fallanalytikerin aus Hannover? Dann wollen Sie doch sicher erfahren, was passiert, wenn Sie die anfängliche Euphorie-Phase überwunden haben und der eigentliche Rauschzustand eintritt, in dem die Menschen zu Selbstüberschätzung, Aggressionen und unkoordiniertem Handeln neigen. Und davon sind Sie noch einige Wodkas entfernt.« Erneut füllte sich Wenckes Glas fast bis zum Rand mit dem klaren Teufelszeug. »Wohl bekomms!«

Axel war wie immer. Er saß kerzengerade auf dem Stuhl, unterhielt sich mit der blond gelockten Jurastudentin über das korrekte Vorgehen bei Verhaftung eines Volltrunkenen und sah dabei aus, als könne er in diesem Moment ohne Probleme komplizierte Quadratwurzeln ziehen oder auf einem Seil balancieren, welches zwischen den vierzehnstöckigen Bettenburgen der Uniklinik, den sogenannten Münsterschen Twin-Towers, gespannt wäre. Und gerade das fand Wencke ... sexy ... Mist, sie musste wieder kichern. Sexy ... was für ein blödes Wort!

Er blickte sie an. »Wencke, alles okay?«

Sie spielte mit ihrer rechten Augenbraue, hoch und runter, ein kurzes Zwinkern dazwischen. »Ich könnte mal einen Schluck ... frische Luft gebrauchen ...«

Axel erhob sich, half Wencke vom Stuhl, dabei hätte sie das auch noch prima allein geschafft, dann führte er sie zur Tür. Zum Glück schien sich niemand für ihren Aufbruch zu interessieren, der Herr Doktor ließ gerade das Pusteding kreisen, die Staatsanwältin hatte schon die null Komma acht Promille erreicht und erntete Applaus.

»Geht es dir gut?«, fragte Axel besorgt, als sie die Tür hinter sich geschlossen hatten.

»Prima geht es mir! Ich wollte mir mal diese zerbrochene Vitrine anschauen, die wo der Schädel ...«

»Das solltest du lieber sein lassen. Der Wächter der Knochen schien mir ziemlich wütend zu sein.«

»Och Mann, komm, lass uns ein kleines Abenteuer erleben! Die Suche nach dem verlorenen Schädel ... und du bist mein Indiana Jones!« Sie schob ihre Hüfte an seinen Oberschenkel und seufzte. Axel wurde augenblicklich zu Stein, und es gab ihr irgendwie den besonderen Kick, dass er so starr in diesem Treppenhaus stand, direkt vor der Wandtafel, an der die Obduktionstermine des kommenden Tages notiert waren. Immer war er so vernünftig, so kontrolliert, so ...

»Wir sollten wieder reingehen«, schlug er vor.

Wencke riss sich von ihm los, stürzte zur Treppe, rannte die Stufen hinauf. »Fang mich doch ...« Ihr Ruf hallte durch die Flure des Instituts. Axel gab den Erziehungsberechtigten und ermahnte sie. Das bisschen, was sie noch verstehen konnte, waren Worte wie »Pietätlosigkeit« und »kindisches Getue«. Schließlich rannte er aber doch hinterher.

Am oberen Treppenabsatz angekommen, stolperte Wencke fast über das Puzzle aus Scherben, Knochen, Zähnen und Zettelchen, die vormals an richtiger Stelle platziert den Sinn der etwas morbiden Ausstellung erklärt haben mochten. Ein Schädel rollte Richtung Treppe und wurde von Axels Schuh gestoppt. Am Hinterkopf klaffte ein Loch. Erschossen, vielleicht Selbstmord mit Waffenlauf im Mund, sie tippte auf eine Frau. Also nicht dieser Rohrbach, sondern irgendein anderes Opfer, dessen Dahinscheiden so spektakulär gewesen war, dass die münstersche Rechtsmedizin sich ein kleines Andenken aufbewahrt hatte. »Willst du nicht wissen, wer von uns diesen bizarren Diebstahl begangen hat?«

»Wer sagt denn, dass es einer von uns war?«

»Mein Gefühl.« Nein, das wirkte jetzt unglaubwürdig, auch wenn Axel wusste, dass sie die besten Entscheidungen grundsätzlich aus dem Bauch heraus traf. »Aber wer soll es sonst gewesen sein? Wir sind alles Leute, die mit der Justiz zu tun haben, und diese Rohrbach-Geschichte war wohl ein ganz großes Ding hier in Münster.« Sie grinste ihn an, wahrscheinlich ziemlich schief. »Warst du es vielleicht? Als Souvenir für deine Frau, immerhin war Kerstin früher bei der Spurensicherung.«

»Quatsch!« Er seufzte. »Wencke, ich bitte dich. Das hier riecht nach Ärger – und Ärger zieht offizielle Schreiben nach sich, und von offiziellen Schreiben sollte …«

»… sollte deiner Frau lieber nichts zu Ohren kommen. Ist ja schon okay.« Wencke musste es einsehen, Axel hatte mit Indiana Jones so viel gemeinsam wie ein Nacktmull mit einem Alpaka. Frustriert schlich sie auf leisen Sohlen wieder die Treppe hinunter. »Ich glaube, ich brauch noch 'nen Schnaps.«

Die kurze Zeit ihrer Abwesenheit war nicht ungenutzt ins Land gegangen, die Trinkrunde machte inzwischen einen ausgelassenen Eindruck. Die blond gelockte Jurastudentin schüttete gerade einem Polizisten ihr Herz aus, dass der Mann ihrer Träume – ein berühmter Schauspieler – so unerreichbar für sie sei und ein Wunder geschehen müsse, damit er sie überhaupt wahrnehme. Der Vollgetextete war bereits leicht weggetreten und hörte gar nicht mehr richtig zu. Als sie ihm von ihrem Titel ›Forellenkönigin von Ottmarsbocholt‹ erzählen wollte, war er schon auf der Tischplatte eingenickt. »Eins Komma zwei«, kommentierte der Arzt seinen Zustand und die Blondgelockte gab es auf, von ihren Liebesproblemen und seltsamen Adelstiteln zu reden, weil sie dringend mal für kleine Königstigerinnen ... Ihr Gang war torkelfrei, aber so konzentriert, als führte ein Schwebebalken zur Toilette.

Die Staatsanwältin lag noch immer in Führung, doch bei ihr schien der Alkohol eine völlig andere Wirkung zu haben, sie erhob sich und setzte mit ihrer Reibeisenstimme zu einem frauenfeindlichen Trinklied an. Wencke hob ihr Glas in Axels Richtung, doch der reagierte nicht. Wahrscheinlich ist er sauer, dachte Wencke, und der Wodka brannte in der zugeschnürten Kehle. Diese Affäre war das Desaster ihres Lebens, da konnte sie noch so viel trinken, sie passten kein bisschen zusammen, Axel und sie, es war eine Katastrophe. Prost!

Als Wencke das nächste Mal ins Röhrchen blies, ließen die Zahlen vermuten, dass sie nun die zweite Phase der Trunkenheit erreicht haben musste. Selbstüberschätzung und unkoordiniertes Handeln. Danach folgten nur noch Benommenheit, Betäubtheit und schließlich das Koma. Wencke hatte fast ein bisschen Lust, ihre beruflichen Recherchen bis zum Ende auszukosten. Bewusstlos zu sein, erschien ihr heute ein lohnendes Ziel.

»Soll ... soll ich ...« Der dürre Kollege der Staatsanwältin setzte sich neben Wencke und blickte sie mit glasigen Augen an. »Ich meine, darf ich?«

»Was denn?« Wencke hielt sich am Stuhl fest, weil der Boden zu schwanken begonnen hatte.

»Die Geschichte zu Ende erzählen. Die von dem Rohrbach-Sch...Schädel!« Er grinste, als handele es sich um einen Witz, bei dem die Pointe bislang aufgespart worden war. »Wo war meine Kollegin denn stehen geblieben?«

Wencke strengte sich an. »Die Witwe ist verhaftet worden wegen ihrer lästernden Nachbarinnen.«

»Nicht nur wegen denen. Man fand Blutspuren auf dem Küchenboden, in denen chemische Rückstände von Malerfarbe nachgewiesen wurden – und das Opfer war Anstreicher. Der damalige Experte prägte den Begriff *Malerblut*, welches eine Zusammensetzung vorweise, die auf den Beruf schließen lasse.«

»Davon habe ich noch nie etwas gehört«, unterbrach Wencke.

»Warten Sie es ab! Es gab auch ein Gutachten, aus dem hervorging, dass Maria Rohrbach ihrem Mann über einen längeren Zeitraum Rattengift in den Malventee gemischt hat und der Schädel am Todestag im glühenden Küchenofen zu thalliumverseuchter Asche zerfallen ist.«

»Aber ...« Nun wurde Wencke wieder etwas wacher. »Ich dachte, der Schädel ist hier im Institut? Oder war er zumindest bis heute Abend.«

»Zwei Jahre nach dem Mord – 1959 – ist der Kopf von Hermann Rohrbach dann in einem ausgetrockneten Tümpel unweit von Münster aufgetaucht.«

»Eben sagten Sie, der wäre nachweislich verbrannt worden ...«

»Von wegen. Der Gutachter wurde als Scharlatan entlarvt. Das Gift Thallium ließ sich zur damaligen Zeit in so ziemlich jedem münsterschen Kaminofen nachweisen. Der Malventee war lediglich im Protokoll gelandet, weil er blau ist wie Rattengift und somit geeignet, das Zeug unauffällig zu verabreichen. Gefunden hat man das Zeug im Haushalt der Rohrbachs aber nicht. Und dieses sogenannte *Malerblut* resultierte daraus, dass die Bodendielen, auf denen die Tropfen sichergestellt wurden, mit eben diesen Chemikalien behandelt worden waren.«

»Die Richter waren damals wohl ...«, Wencke fiel nichts Besseres ein, »... besoffen!«

»Sie mussten Maria Rohrbach wieder freilassen.«

»Und wer hat den Anstreicher nun ermordet?«

»Vielleicht jemand aus seinem Homosexuellen-Milieu. Immerhin war ein ehemaliger Liebhaber Rohrbachs ebenfalls mit abgetrenntem Schädel gefunden worden.« Der Staatsanwalt nippte lustlos an seinem Bier. »Oder es war doch Maria Rohrbach. Das Ganze ist immerhin ein halbes Jahrhundert her, von den Betroffenen lebt wahrscheinlich niemand mehr. Kein Mensch kennt die Wahrheit.«

Wencke lief ein kalter Schauer über den Rücken, auch wenn das für eine Profilerin des LKA etwas lächerlich war. »Und heute hat jemand den Schädel gestohlen. Das wichtigste Beweisstück in einem geheimnisvollen Fall, der nie aufgeklärt wurde ...« Sie fand selbst, dass sich dieser Satz anhörte wie auf einer der Krimi-Hörspiel-Kassetten, die sie als Kind so geliebt hatte. Und tatsächlich überkam sie der unwiderstehliche Drang, dieses Geheimnis zu lösen. Heute noch. Am besten gleich!

Die Staatsanwältin wirbelte ihre hünenhafte Gestalt auf sie zu und forderte ihren Kollegen auf, mit ihr Limbo zu tanzen. Zwei Polizisten hielten bereits einen Besenstiel auf Hüfthöhe und johlten. Die blond gelockte Jurastudentin und ihres Zeichens – was war sie noch gleich? – Forellenkönigin schien den Ausflug zur Toilette nicht überlebt zu haben, sie war nicht wiederaufgetaucht. Bis auf den Rechtsmediziner, der fleißig die Messergebnisse notierte und schlaue Reden von sich gab, war Axel der Einzige im Raum, der sich noch zu benehmen wusste. Er schaute Wencke an, liebevoll, sehnsüchtig, das erste Mal an diesem Abend. Nun, vielleicht war das nur dem Alkohol zuzuschreiben.

Sie stand auf, benutzte die Tischkante als Führung und ließ sich auf seinen Schoß fallen. »Wollen wir gehen?«, flüsterte Axel in ihr Ohr und knabberte kurz an ihrem Nacken. Kein Zweifel, er war auch in die Phase des unkoordinierten Handelns abgedriftet.

Beim Aufstehen und Mäntelanziehen klammerten sie sich aneinander. Als sie vor den Fenstern des Instituts auf das bestellte Taxi warteten, sahen sie drinnen die Staatsanwältin auf dem Besenstiel reiten, während ihr dürrer Kollege aus Dortmund mit den Polizisten den Promilletester kreisen ließ. Wer am meisten intus hatte, davon bekam Wencke nichts mehr mit, das Herzklopfen wurde einfach zu laut und übertönte alles.

Der Taxifahrer gab sich diskret und ließ seine ineinander verschnürten Fahrgäste in Ruhe knutschen. Dummerweise wurde Wencke übel, sobald sie die Augen schloss, deswegen starrte sie beim Küssen aus dem Fenster, wo in der Dunkelheit die Ampeln und Parkbäume und Mehrfamilienhäuser vorbeischwebten. Keine zehn Minuten später standen sie auf dem Kopfsteinpflaster vor dem Hotel. Axel zahlte, ließ sich eine Quittung geben und bestand darauf, dass auch das Trinkgeld ausgewiesen wurde. Und irgendwie fand Wencke das so unromantisch, so geschäftsmäßig, diese blöde Quittung für dämliche sieben Euro, dass ihre Laune in Gereiztheit umschlug. Vorhin hatte sie Axels anständiges Gehabe noch sexy gefunden. Nun machte es sie wütend. Als er sie küssen wollte, drehte sie das Gesicht weg. »Das solltest du vorher schriftlich beantragen«, motzte sie.

»Wencke, was ist los?«

In einer Nebengasse reihten sich bunte Kneipen aneinander und zahlreiche Menschen im Studentenalter saßen auf den davorstehenden Holzbänken und rauchten. Das Lachen und Quatschen und Rufen vermischte sich in Wenckes akustischer Wahrnehmung zu einem Geräuschbrei. Bei diesem Lärm würde sie nicht schlafen können.

»Lass uns noch ein bisschen spazieren gehen!«, schlug Wencke vor. Vielleicht mag ich dich ja danach wieder leiden, fügte sie in Gedanken hinzu.

Sie hakte sich bei Axel unter, doch er schüttelte ihren Arm ab. »Ich bin müde und mir ist kalt. Morgen muss ich schon um acht Uhr nach Ostfriesland zurück. Geh du noch eine Runde spazieren, und wenn du zurück bist – na ja, meine Zimmernummer kennst du.« Damit ließ er sie stehen.

Wencke blickte ihm perplex nach, sollte sie hinterher – oder nicht – oder ... Die Studenten hatten keine zwanzig Schritte von ihr entfernt richtig Spaß. Vor einem blauen Haus schunkelten sogar einige, Junggesellenabschied wahrscheinlich. Ein wildfremder Jüngling kam auf Wencke zu, drückte ihr einen feuchten Kuss auf die Wange und ein großes Bier in die Hand. »Prost!«, riefen die anderen. Wencke trank einen gewaltigen Schluck und schaffte ein Grinsen, eigentlich vertrug sie kein Bier. Dann ging sie weiter, das feuchte Glas in der Hand, nach jedem zehnten Schritt nippte sie daran. Das besänftigte. So eine fröhliche Stadt. Laut irgendeiner Urkunde sogar die lebenswerteste Stadt der Welt hatte ihr mal jemand erzählt.

Lebenswert – wenn man nicht gerade ziemlich betrunken und unglücklich verliebt war ... Jetzt fühlte sie sich fast wie diese Maria Rohrbach. Die Frau mit dem Geliebten kam ihr vor wie eine Seelenverwandte, unverstanden, verzweifelt, fehl am Platz.

Nachdem Wencke die laute Kneipengasse hinter sich gelassen und eine Straße überquert hatte, fand sie sich auf einer Allee wieder. Riesige Bäume schienen wie eine grüne Stadtmauer die westfälische Metropole einzukreisen. Radfahrer klingelten wütend, weil Wencke so viel Platz zum Laufen brauchte, und überholten sie schließlich in der Dunkelheit.

Dann war sie auf einmal allein, mutterseelenallein. Nur das Bier in der Hand, wie das wohl aussah? Piepegal! Zu ihrer Rechten machte sie die Umrisse eines sehr breiten Turms aus, verfallen und verlassen schien er zu sein, doch durch die verschwommenen Fensterscheiben leuchtete es ein bisschen, als säße jemand bei Kerzenschein im Inneren des Kerkers. Sphärische Orgelklänge waren zu vernehmen, dann ein Glockenschlag von links, von rechts, von irgendwoher. Überall schlugen die Kirchturmuhren Mitternacht, Münster musste Tausende von ihnen haben.

Unter das Dröhnen der Glocken mischte sich heimlich ein Flüstern aus dem Turm, wurde zu einem langsam anschwellenden Reden, widerhallend und verzerrt, kaum zu verstehen. *Denn wer erträgt der Zeiten Spott ...* Nein, das konnte nicht sein, der Wein, der Wodka, das Bier, dann diese Geschichte von dem verschwundenen Schädel ... Wencke war eindeutig dabei, den Kopf zu verlieren ... *Misshandlungen verschmähter Liebe ...* Sprach der Typ von Axel und ihr? Aber woher weiß er das? ... *Übermut der Ämter und die Schmach ...* Übermut der Ämter, ja, das Gerichtsverfahren, der Experte mit den Fehlurteilen, die Schmach der Maria Rohrbach ... Wencke war sich auf einmal sicher! Mitternacht in Münster, es spukte, verdammt noch mal, der Geist des geköpften Anstreichers, dessen Schädel heute Abend gestohlen wurde ... Sie hatte ihn finden wollen, stattdessen schlich sie betrunken durch finstere Ecken. Ihr wurde schlecht.

Eine geisterhafte Erscheinung rannte zwischen den Bäumen auf sie zu, ein Riese in unwirklichem Licht, verschwitzt und keuchend, ein Monster, ein Gespenst. Wencke wollte schreien!

»Kann ich Ihnen irgendwie helfen?«, fragte die Gestalt, und jetzt erkannte Wencke darin einen Jogger mit blinkenden Lichtern an den Gliedmaßen, der eine nächtliche Runde gedreht haben mochte. Die Stimme aus dem Turm war verstummt, ebenso die Orgelklänge.

Der Spuk war vorbei. Der Tag auch. Ihr Blick verwischte. Dann knipste sich irgendetwas aus.

Als sie am Morgen die verklebten Augen öffnete, erkannte sie gleich, dass es viel zu spät war. Axel war längst auf der A 31 in nördlicher Richtung unterwegs, vielleicht saß er sogar schon in der Auricher Dienststelle und studierte Akten. Ob sie sich gestern Nacht noch an seine Zimmernummer hatte erinnern können, das wusste Wencke beim besten Willen nicht mehr. Kompletter Filmriss. Sie versuchte, sich zu konzentrieren ... hmm, da war dieser Turm, diese Stimme, dieser Mann mit den Lichtern. Und dann nichts mehr.

Wencke drehte sich um. Ihr Schädel tat dermaßen weh, dass sie Rohrbach für einen kurzen Moment um dessen Kopflosigkeit beneidete. Sekunden später wurde sie wieder wach, trotzdem waren in der Zwischenzeit zwei weitere Stunden vergangen. Dafür fühlte sie sich nun halbwegs nüchtern. Die Sonne schien durch das Fenster. Eilig hatte Wencke es heute nicht, sie würde sich beurlauben lassen. Zum Autofahren war sie ohnehin noch nicht in der Lage.

Und gab es nicht noch ein Geheimnis zu lösen?

Sie könnte Ausschau halten nach einem Mörder, den es schon längst nicht mehr gab. Oder nach einem Dieb, der uralte Knochen mitgehen ließ. Das war doch ein netter Zeitvertreib für einen unverhofft freien Tag, fand Wencke. Und außerdem lenkte es sie davon ab, dass Axel und sie ihre Chance versaut hatten.

Mit Sicherheit gab es hier in der Innenstadt irgendwo einen Drahtesel zu mieten, war Münster nicht die Fahrradhauptstadt der Welt, wenn nicht sogar des Universums? Zuerst wollte sie sich diesen Aasee anschauen, wo damals die spielenden Kinder den Körper gefunden hatten. Vielleicht wurde dort ja auch etwas zu trinken serviert – etwas ohne Alkohol.

Zweiter Akt: Nie mehr Wilsberg

Münster war schön. Sah man mal vom Bahnhof ab, der ungefähr in der Adenauer-Ära von der Bahn – die damals noch Bundesbahn hieß – vergessen worden war, sodass neumodische Erfindungen wie Rolltreppen oder Aufzüge erst in jüngster Zeit in Angriff genommen wurden. Ach ja, wir hatten auch keinen Fußball-Bundesligaverein, keine Berge und keinen direkten Zugang zum Meer. Aber ansonsten alles, was man brauchte, um einigermaßen zufrieden zu leben. Berlin mochte hipper sein, Hamburg schnöseliger und München nobler, doch wer einmal in Münster gewohnt hatte, wollte eigentlich nicht mehr weg.

Ich zum Beispiel. Seit zwanzig Jahren lebte ich im Kreuzviertel, einem Stadtteil mit renovierten Jugendstilhäusern, alten Bäumen und einer Kirche, die von Kneipen umzingelt war. Die Kneipen wechselten im Lauf der Zeit ihre Namen und ihre Besitzer, so wie die Haare der Studienrätinnen und Rechtsanwältinnen in meiner Nachbarschaft die Farbe – an den lauen Sommerabenden, die ich am liebsten an einem der Kneipentische unter den alten Bäumen neben der Kirche verbrachte, änderte das wenig.

Früher hatte ich allerdings nur meinen Beruf verschleiert, wenn ich mit einer Unbekannten bei einem Glas Bier ins Gespräch kam, inzwischen erwähnte ich auch meinen Namen lieber nicht mehr. Zumindest nicht meinen richtigen. Denn die Reaktion auf die Wahrheit war immer die gleiche: ungläubiges Staunen, dann ein verschämtes Prusten, das sich

je nach Temperament bis zu einem lauthalsen Lachen stei-
gerte, schließlich der ironische Protest gegen meine ver-
meintliche Aufschneiderei: *Sie sehen aber ganz anders aus als
im Fernsehen. Der Echte kann so schön melancholisch gucken.
Und ein paar Kilo fehlen Ihnen auch auf den Rippen.*

Nutzlos darauf hinzuweisen, dass es sich um einen Schauspieler handelte, der mich darstellte. Oder das, was die Fern-
sehleute aus meinem Leben gemacht hatten. Anfangs dachte
ich, ich könnte den hämischen Kommentaren dadurch ein
Ende bereiten, dass ich meinen Personalausweis aus der
Tasche zog. Ein fataler Trugschluss. Denn nun hielten mich
meine Gesprächspartnerinnen nicht länger für einen An-
geber, sondern für einen Kleinkriminellen, der mit gefälsch-
ten Papieren herumlief – und ergriffen spontan die Flucht.

Also ließ ich das mit dem Namen-Sagen und dem Perso-
nalausweis-Zeigen. Stattdessen wählte ich eine falsche Identität, eine, die ich gelegentlich bei meinen Ermittlungen
benutzte und für die ich eine passende Visitenkarte in der
Tasche hatte.

Münster war immer noch schön. Allerdings nicht mehr
ganz so schön wie zu jener Zeit, als ich noch zu dem stehen
konnte, wer und was ich war: Georg Wilsberg, Privatdetektiv.

Nein, man hatte mich nicht bestohlen. Es gab einen Ver-
trag, der alles regelte. Ich hatte den Filmleuten mein Leben
erzählt und ihnen das Recht verkauft, meinen Namen zu
verwenden. Sie hatten einiges verändert, wie Filmleute eben
so sind. Aus meinem alten Kumpel Hauptkommissar Stürzenbecher machten sie eine Frau und aus dem Briefmarken-
und Münzladen, den ich früher mal besessen hatte, ein Antiquariat. Wirklich schlimm war das nicht, das Antiquariat
gefiel mir sogar richtig gut, es gab mir so einen intellektuel-
len Touch.

Manchmal fiel auch ein Job für mich ab, wenn am Set dauernd Dinge verschwanden oder ein Stalker vor dem Hotel

einer Schauspielerin herumlungerte. Im Grunde lebte ich also ganz gut davon, meine Identität einem anderen überlassen zu haben.

Aber immer öfter ertappte ich mich während der Arbeit dabei, dass ich mich fragte, was Wilsberg jetzt wohl machen würde. Dann musste ich mich daran erinnern, dass ich kein Fernsehstar, sondern nur ein mäßig erfolgreicher und halbwegs gut aussehender Privatdetektiv war. Und dass es bei mir nicht darauf ankam, wo die Kamera stand und ob mein Jackett zum Hintergrund passte.

Als das Telefon klingelte, sah ich auf dem Display, dass Norbert Stremel anrief. Stremel arbeitete als Producer bei der Filmproduktionsfirma und betreute jeden in Münster gedrehten Film von der ersten Drehbuchzeile bis zum letzten Schnitt.

»Wir brauchen dich mal wieder«, begann Stremel. Wir duzten uns. Filmleute duzen jeden.

Ich hatte in der Zeitung gelesen, dass am Abend die Open-Air-Vorführung eines Films am Aasee stattfinden würde. Mit allen Schauspielern, die mitwirkten und die vorher für einen guten Zweck auf den Aaseeterrassen kellnern würden.

»Wofür?«, fragte ich.

»Wilsberg wird bedroht.«

Ich hasste es, dass Stremel nie den Namen des Schauspielers, sondern immer nur Wilsberg sagte.

»Ist wahrscheinlich Quatsch«, redete Stremel weiter. »Aber du weißt ja, wie das ist: Schon wegen der Versicherung dürfen wir die Sache nicht auf die leichte Schulter nehmen.«

»Wie konkret ist die Drohung?«

»Eine Eintragung auf Wilsbergs Facebook-Seite.« Stremel gähnte. Er schien sich wirklich keine Sorgen zu machen. »Pass auf, ich lese es dir vor: Für dich gehe ich über Leichen. Du wirst dem Tod ins Auge blicken.«

»Aha«, sagte ich. »Und was soll ich tun?«

»Rumstehen und Wilsberg im Auge behalten. Bei der Show heute Abend. Dürfte dir nicht weiter schwerfallen.« Er kicherte.

»Du kennst ja mein Honorar. Ich berechne einen halben Tagessatz. Falls nichts passiert. Falls doch, kostet es extra.«

Stremel jammerte über die Krise, die auch vor Fernseh-produzenten nicht Halt mache, und handelte mich auf einen Dritteltagessatz herunter. Dann war das Gespräch beendet. Der Wetterbericht versprach für den gerade angebrochenen Tag, einen der letzten in diesem August, viel Sonne und subtropische Temperaturen bis in den späten Abend. Aus-flugswetter.

Ich nahm das Fahrrad. Und je näher ich dem Aasee kam, desto breiter wurde der Strom der Wilsberg-Fans, die zu ihrem Idol pilgerten. Er selbst saß neben einem Bierfass und schrieb Autogrammkarten. Manchmal zapfte er auch ein Bier und hielt es für die Fotografen in die Kameras. Ange-sichts der Massen an vorwiegend weiblichen Bewunderern, die ihn umlagerten, schätzte ich die Gefahr einer Entfüh-rung denkbar gering ein.

So überließ ich, nachdem ich dem Schauspieler kurz zuge-nickt hatte, der euphorisierten Meute die Bewachung und schlenderte ein wenig herum. Unter den Sonnenschirmen, die wie riesige Pilze aus dem grauen Beton wuchsen, klirrten die Biergläser. Nicht nur vom Spätsommer gerötete Gesich-ter prosteten sich zu. Und unter den Lärm, den die für einen guten Zweck Trinkenden machten, mischten sich krachende Melodiefetzen von der Seeseite. Ein paar Meter vom Ufer entfernt, dümpelte eine große Bühne auf dem spiegelglatten Aasee. Später am Abend würde hier der Film auf eine Lein-wand projiziert werden, doch vorläufig testete eine jung gebliebene Retroband die Leistungsfähigkeit der Lautspre-cherboxen.

Die Frau neben mir war relativ klein und ihre rot getönten Haare passten farblich zu dem T-Shirt mit der aufgedruckten weißen Pistole, unter der sich ihre Brüste abzeichneten. Außerdem schaute sie so versonnen auf den Aasee hinaus, dass sie von dem Trubel um uns herum nicht viel mitzubekommen schien.

»Er ist nicht mehr da«, sagte ich.

»Wer?« Ihre grünblauen Augen musterten mich mit einem Blick, der zwischen freundlicher Kontaktaufnahme und knallharter Verhörmethode schwankte.

»Der schwarze Trauerschwan, der sich in ein weißes Tretboot verknallt hat. Ist verschwunden. Und niemand weiß wohin.«

»Ach der!« Ich registrierte, dass sich der Verhöranteil in ihrem Blick zugunsten der Freundlichkeit reduzierte. »Den habe ich gar nicht gesucht.«

Sie schaute zur Seebühne. »Gibt es einen Anlass für dieses Spektakel?«

»Sie wissen es nicht?«

»Ich komme von auswärts und bin zufällig hier gelandet.«

»Heute Abend wird ein Wilsberg-Film gezeigt.«

»Dieser Privatdetektiv aus Münster? Ich habe davon gehört.« Ihre Begeisterung hielt sich in Grenzen. »Und Sie sind ein Fan, nehme ich an?«

»Nein.« Ich streckte die Hand aus. »Ich bin es selbst: Georg Wilsberg, Privatdetektiv.« Irgendwas hatte mich geritten, die Wahrheit zu sagen.

Sie grinste und griff mit einer erstaunlich breiten Hand zu. »Und ich bin Wencke Tydmers, Profilerin aus Hannover.«

»Gut gekontert.« Ich lächelte zurück.

»Sagen Sie«, ihre Stimme bekam einen verschwörerischen Unterton, »wo ist denn der andere Wilsberg?«

»Da drüben.« Ich zeigte zum Bierfass, musste jedoch feststellen, dass es einsam und unbeachtet in der Sonne stand.

Der Schauspieler samt seiner weiblichen Anhängerschaft trieb wohl irgendwo durch die Menschenmenge.

Statt meiner Fernsehinkarnation erblickte ich Norbert Stremel, der sich mit hastigen Schritten näherte. Die Falte auf seiner Stirn besaß eine unheilvolle Tiefe. »Wo ist Wilsberg?«

»Vorhin war er noch da«, sagte ich lahm.

»Ich will wissen, wo er jetzt ist.« Stremel schaute von mir zu der vermeintlichen Profilerin aus Hannover. »Wir bezahlen dich dafür, dass du auf ihn aufpasst. Also – was ist?«

Wencke Tydmers, falls sie wirklich Wencke Tydmers hieß, blieb an meiner Seite. »Sie sind der Bodyguard von Wilsberg?«

»Wie ich schon sagte: Ich bin Privatdetektiv. Der Schauspieler spielt mich.« Ich hätte den Triumph, mal wieder ich selbst sein zu dürfen, noch mehr genossen, wäre das Objekt meiner beruflichen Fürsorge endlich aufgetaucht. Doch der Schauspieler blieb verschwunden.

Die Leute rund um das Bierfass waren unterschiedlicher Meinung. Die einen glaubten, er sei auf dem Weg zur Toilette, eine zweite Gruppe wähnte ihn an einem Bierstand in der Nähe der Straße und eine dritte Gruppe schließlich war davon überzeugt, gesehen zu haben, wie er in Richtung Seebühne marschiert sei.

»So weit zur Glaubwürdigkeit von Zeugenaussagen«, meinte die Profilerin fachkundig.

Die Seebühnenfraktion unter den Zeugen schien die mit Abstand nüchternste zu sein, deshalb balancierten wir über einen wackeligen Metallsteg zu dem schwimmenden Ponton. Und tatsächlich – hinter der Lautsprecherwand und dem schwarzen Vorhang stießen wir auf ein am Boden zerstörtes menschliches Wesen. Nicht den Schauspieler, der war nur als Foto in der Hand der jungen blond gelockten Frau anwesend, die ihren Tränen freien Lauf ließ.

»Er ist weg«, heulte die Frau, die eine eigenartige forellenblaue Uniform trug und so unsicher auf den Beinen stand, dass die vibrierende Seebühne als Erklärung nicht ausreichte.

»Wer sind Sie?«, fragte ich, während Wencke Tydmers mit einem entschlossenen Griff verhinderte, dass die Frau ins Wasser fiel.

»Die Forellenkönigin von Ottmarsbocholt.« Ein satter Rülpser entrang sich der royalen Kehle. »Ich dachte … ich würde … ich könnte …«

»Sie waren doch gestern Abend beim Alkoholtest in der Rechtsmedizin!«, übernahm Wencke die Befragung.

Die Forellenkönigin guckte apathisch.

»Haben Sie die Drohungen auf Wilsbergs Facebook-Seite hinterlassen?«, fragte ich ins Blaue und handelte mir ein böses Augenzwinkern meiner Kofahnderin ein. Nie zwei Fragen auf einmal stellen, sollte das wohl bedeuten. Blöde Polizistenregel.

»Droh… Bah!« Die Blondgelockte streckte die Zunge heraus. »Ich hab's für ihn getan. Um ihm zu impa… impona…«

»Und woher wissen Sie, dass er weg ist?«, unterbrach ich ihre Wortfindung.

»Ich bin ihm gefolgt. Und habe gesehen, wie er …«, sie machte mit der Hand eine anmutige gleitende Bewegung, »… auf einem Schwan saß.«

»Allein?«

»Nein.« Ihre Augen verschleierten sich bei dem Versuch, meinen Blick zu erwidern. »Da war ein fieser anderer Mann.«

»Scheiße«, sagte Norbert Stremel, der plötzlich hinter uns stand. »Das durfte nicht passieren.«

Da hatte er natürlich nicht ganz unrecht.

Stremel zog ein Handy aus der Tasche. »Wir müssen die Polizei rufen.«

»Ist schon da.« Wencke Tydmers hielt etwas in der Hand, das wie ein amtlicher Ausweis aussah. »Bis die Kollegen eintreffen, übernehme ich schon mal.«

»Sie sind wirklich Profilerin?«, staunte ich.

»So wie Sie anscheinend Privatdetektiv sind«, gab sie zurück.

Der Forellenkönigin von Ottmarsbocholt war das alles zu viel. Begleitet von einem lang gezogenen Seufzer verdrehte sie die Augen. Wir fingen sie auf, bevor sie auf den Untergrund knallte, und brachten sie in eine stabile Seitenlage.

»Zur Sache«, mahnte Wencke. »Wo kriegt man diesen Tretbootschwan her?«

»Der Typ ist nicht zurückgekommen«, sagte der Bootsverleiher, dessen Boote einen Steinwurf von der Bühne entfernt auf beiden Seiten eines Stegs im Wasser lagen. »Dabei hat er sich den Schwan nur für eine halbe Stunde geliehen.«

»Haben Sie seinen Namen notiert?«, fragte Wencke.

»Ja. Hier.« Der Verleiher führte uns zu einem Holzpult, auf dem eine Schreibkladde festgebunden war.

Manni Höch, las ich. »Das ist eine Figur aus den frühen Wilsberg-Filmen, Wilsbergs Freund beim Bauamt.«

»Deshalb kam mir der Kerl gleich bekannt vor«, nickte der Bootsverleiher. »Aber im Fernsehen sehen sie doch irgendwie anders aus.«

»Der Schauspieler ist vor ein paar Jahren aus der Reihe ausgestiegen«, erklärte ich Wencke. »Vielleicht hat er noch eine Rechnung mit Wilsberg offen.«

»Sie meinen, er könnte ihn entführt haben?« Die Profilerin legte eine Hand an die Stirn. »Wie groß ist der Aasee?«

»Haben Sie ein Fahrrad? Dann schaffen wir es in einer halben Stunde, ihn zu umrunden.«

Sie hatte eins: in der Fahrradstation am Hauptbahnhof ausgeliehen. Und während die Sonne hinter dem See ver-

37

sank, radelten wir über den roten Fußweg am Ufer entlang, der zu dieser Tageszeit von allen Joggern frequentiert wurde, die gerade keinen Wilsberg-Film gucken wollten.

Das weiße Schwanentretboot war am westlichen Ende des Aasees gestrandet, dort, wo die Aa in den künstlich angelegten See mündete und die Stadt nahtlos in die sie umgebende Acker- und Wiesenlandschaft überging. Im Dämmerlicht erkannten wir zwei Fußspurenpaare, die vom Ufer zu einem nahe gelegenen Wäldchen führten.

»Und wenn es sich gar nicht um eine Entführung handelt?«, meinte Wencke. »Für mich sieht das eher nach einer Flucht aus.«

»Aber wovor? Heute Abend ist sein großer Auftritt. Und nirgendwo ist er so beliebt wie in Münster.«

Wir folgten den Fußspuren bis zum Wäldchen, dann standen wir buchstäblich im Dunkeln.

»Sie haben keine Pistole, oder?«, erkundigte ich mich.

»Nein, als Profilerin bin ich ja nicht im aktiven Polizeidienst.« Sie blieb stehen. »Sollen wir auf meine Kollegen warten?«

Kneifen kam selbstverständlich nicht infrage. »Ich habe aus reiner Neugierde gefragt.«

Wir gingen weiter. Kurze Zeit später hörten wir ein Geräusch. Etwas oder jemand brach durch das Unterholz. Direkt auf uns zu. Wencke suchte mit ihren Füßen einen festen Halt und hob die Arme. Ich tat es ihr gleich, doch bevor ich eingreifen konnte, hatte sie einen Mann, der sie um mindestens anderthalb Köpfe überragte, von den Beinen gehebelt und flach auf den Waldboden gelegt.

»Ouhhh«, stöhnte der Mann, als Wencke ihren wohlgeformten Hintern auf seiner Brust platzierte. Die Stimme und das grob karierte Baumwollhemd kamen mir bekannt vor. Kein Zweifel, es handelte sich um Manni Höch, Wilsbergs ehemaligen Freund.

»Wo ist Wilsberg?«, fragte ich, jetzt neben Wencke auf dem rechten Arm des Überwältigten kniend.

»Sie tun mir weh«, keuchte Manni.

»Zuerst die Antwort«, befahl ich.

»Er hat mich angefleht, ihm zu helfen.«

»Wo?«, beharrte ich.

»In einer Hütte, nicht weit von hier.«

Wencke und Manni blieben draußen. Wilsberg, der im Licht einer brennenden Fackel gar nicht mehr wie Wilsberg aussah, starrte unverwandt auf den Totenschädel in seiner Hand. Mit einer Stimme, die aus dem Grab eines vor Hunderten von Jahren verstorbenen Dichterfürsten zu kommen schien, deklamierte er: »Ach, armer Yorick! Wo sind nun deine Schwänke? Deine Sprünge? Deine Lieder, deine Blitze von Lustigkeit, wobei die ganze Tafel in Lachen ausbrach? Ist jetzt keiner da, der sich über dein eigenes Grinsen aufhielte? Alles weggeschrumpft?« Er hob den Blick, Wehmut hing wie ein löchriger Duschvorhang im Raum. »Das ist Shakespeare, verstehst du?«

»Klar«, sagte ich.

»Kunst. Nicht zu vergleichen mit den Onelinern, die mir die Drehbuchautoren immer in den Mund legen.«

»Logo«, sagte ich.

»Ich bin Schauspieler, ich habe einen Namen.«

Obwohl der mir gerade nicht einfiel.

»Meine wahren Fans wissen, was ich kann. Ich probe jede freie Minute. Erst gestern Abend, im Zwinger auf der Promenade ...«

»Aha«, sagte ich.

»Ich will nicht länger Wilsberg sein.«

»Prima«, sagte ich. »Ich wär's gerne mal wieder.«

»Wilsberg!« Die Stimme von Norbert Stremel fräste sich wie eine Kettensäge durch die dünne Wand der Holzhütte.

Wir zuckten beide zusammen. Dann lachten wir. »Du zuerst!«, sagte Wilsberg.

»Nein, du«, sagte ich.

Gleißendes Scheinwerferlicht empfing uns, als wir vor die Hütte traten. Stremel hatte ein Fernsehteam mitgebracht, das wohl auf irgendeine Art von Skandal hoffte.

»Da ist er ja!«, rief Wencke Tydmers. Aber sie meinte weder den Schauspieler noch mich. »Der Rohrbach-Schädel. Ich wusste gleich, dass die Forellenkönigin ihn geklaut hat.«

»Sie hat ihn mir geschenkt. Als Inspiration für Hamlet.« Der Schauspieler betrachtete den Totenschädel, der nackt in die Kamera grinste.

»Das also ist Rohrbach?«, fragte ich.

»Sie kennen ihn?« Wencke war überrascht.

»Sicher. Ich habe mal einen alten Freund von Rohrbach getroffen. Er hat mir gebeichtet, was wirklich passiert ist.«

»Ist nicht wahr?« Die Profilerin platzte fast vor Neugier. »Das müssen Sie mir unbedingt erzählen.«

»Aber nicht jetzt«, mahnte Stremel. »Los, los, los! Die Leute warten auf Wilsberg.«

»Nein.« Der Schauspieler straffte seinen Rücken. »Ich geh da nicht hin.«

»Da sitzen tausend Menschen, die dich sehen wollen«, lockte der Producer.

»Ich kannte ihn, Horatio«, donnerte der Schauspieler mit seiner Grabesstimme. »Er hat mich tausendmal auf dem Rücken getragen, und jetzt, wie schaudert meiner Einbildungskraft davor! Mir wird ganz übel.« Im normalen Tonfall fügte er hinzu: »Um es in deinen Worten zu sagen, Norbert: Nie mehr Wilsberg.«

Einen Moment lang sah es so aus, als wolle sich Stremel mit bloßen Händen auf den Schauspieler stürzen. Dann hatte er eine bessere Idee: »Hör zu, ich hab da ein Exposé in der Schublade liegen. Mord bei einer Shakespeare-Company.

Wilsberg springt ein und spielt den Hamlet. Wär das nicht was für dich?«

Die Augen des Schauspielers glitzerten. Ich wusste, er würde es wieder tun. Und wieder.

»Gehen wir, Georg?«, fragte Wencke.

Alle schauten irritiert zu uns herüber. Wencke meinte mich.

Der Rest war Schweigen. Um es mit Hamlet zu sagen.

Mit freundlichem Dank an William Shakespeare, aus dessen Drama *Hamlet* die Zitate stammen.

Wilsberg und der dritte Mann

Das Wien der Nachkriegszeit ließ sich nicht mehr im Wien von heute drehen. Ruinen, ausgebombte Häuser, die Tristesse grauer Straßenzüge und heruntergekommener Bars – all das gab es nicht mehr. In Odessa, der ukrainischen Schwarzmeerstadt, wo die Produktionskosten niedrig und die Statisten für ein paar Dollar pro Tag zu haben waren, hatte man das Jahr 1949 wiederauferstehen lassen. Den zweiten, von Russen besetzten Wiener Bezirk ebenso wie das Josefstädter Theater, in dem Anna Schmidt sich in einer langweiligen Komödie abmüht. Die Bars und Nachtklubs, die Holly Martins bei seinen nächtlichen Streifzügen aufsucht – Kopien der tausend Kilometer entfernten Originale. Und selbst das marode unterirdische Kanalsystem, in dem Harry Lime beim Showdown zum zweiten Mal sein Leben aushaucht – im ehemaligen Sozialismus viel realistischer nachzustellen als im modernen Österreich.

Für einige Drehtage war die amerikanische Produktionsfirma mit ihrem mehr als hundertköpfigen Filmteam und allen Stars allerdings doch noch in die Donaumetropole der Jetztzeit gekommen. Vor allem wegen der Schlüsselszene des Films, dem Geständnis Harry Limes, die ohne das echte Riesenrad des Wurstelpraters einfach nicht funktioniert hätte. Und um PR ging es auch: Vor der eingeladenen Weltpresse sollte die Werbetrommel für den zukünftigen Blockbuster gerührt werden.

Nach Odessa zog mich absolut nichts. Deshalb wartete ich, bis die Aufnahmen in der Ukraine beendet waren, und flog gleich nach Wien.

Die Idee, ein Remake des Klassikers *Der dritte Mann* zu drehen, stammte vom Mitproduzenten des Films. Jenem klein gewachsenen Hollywoodstar, der wegen nervtötender Missionarstätigkeit für eine Sekte von einem großen Studio vor die Tür gesetzt worden war und sich seine Rollen inzwischen selber suchen musste. Da sein Geld in dem Projekt steckte, hatte er sich natürlich die Hauptfigur gesichert, den Heftchenautor Holly Martins, der auf Einladung Harry Limes nach Wien reist und feststellt, dass sein Jugendfreund gerade beerdigt wird.

Anna Schmidt, Limes Freundin, in die sich Martins verliebt, wurde von einer magersüchtigen Engländerin gespielt. Und Major Calloway, den britischen Polizeioffizier, der im Hintergrund die Fäden zieht, gab ein ansonsten auf Frauenhelden spezialisierter Dreitagebartträger.

Alle drei, die Darsteller von Martins, Schmidt und Calloway, standen vor der imposanten Fassade der Neuen Hofburg und lächelten. Eine Meute von Fotografen und Kameraleuten lichtete sie dabei ab, umgeben von einem noch größeren Heer von Schaulustigen. Kurze Fragen flogen durch die Luft und wurden von den Schauspielern routiniert witzig gekontert. Großes Kino eben.

Ich stand hinter der Absperrung, inmitten der staunenden Zuschauer. Aber mein Interesse galt nicht den Stars, sondern einem kleinen, dicklichen Mann, der zusammen mit anderen Nebendarstellern und dem Regisseur auf seinen Auftritt wartete, auf das Gruppenbild aller Beteiligten, das in kaum einer Zeitschrift erscheinen würde.

Obwohl Heinz Bekker auf den Rollenlisten unzähliger deutscher Fernsehspiele und Serienfolgen geführt wurde, hätte in der Menschenmenge vermutlich niemand seinen Namen nennen können. Denn Bekker war abonniert auf unscheinbare Nebenfiguren, auf den fiesen Nachbarn, den besorgten Vater, den kauzigen Taxifahrer. Sein Job bestand darin, den Großen der Branche die Stichworte zu liefern.

Auch beim *Dritten Mann* war Bekker nur mit einer kleinen Rolle besetzt worden. Er spielte Koch, Harry Limes Nachbarn, der im Film ganze fünf Szenen hat, eine davon als Leiche. Trotzdem war ich sicher, dass Bekker bis an sein Lebensende davon zehren würde, dass er bei einer 40-Millionen-Dollar-Hollywoodproduktion mitgewirkt hatte.

Bekker stammte aus dem Münsterland, genauer gesagt, aus Hörstel in der Nähe von Rheine. Und da kam ich ins Spiel. Denn Bekkers Onkel, ein pensionierter Bankvorstand, war vor einem Dreivierteljahr unter nicht ganz geklärten Umständen ums Leben gekommen. Meinolf Lauhoff, so der Name des Bankers, war um fünf Uhr an einem Samstagmorgen zum Angeln aufgebrochen. An einem der kleinen Seen in der Umgebung besaß er ein Ruderboot, wie mir seine Witwe später erzählte. Lauhoff pflegte auf den See hinauszurudern, die Angel ins Wasser und seinen Gedanken nachzuhängen. Doch an diesem Tag fing Lauhoff keine Fische. Stattdessen knabberten die Fische an ihm. Erst zwei Wochen später wurde seine Leiche entdeckt und mithilfe der DNA-Analyse und der Röntgenaufnahmen seines Zahnarztes identifiziert.

Polizei und Staatsanwaltschaft entschieden ziemlich rasch auf Unfall. Lauhoff habe vermutlich einen Schwächeanfall erlitten und sei ins Wasser gefallen. Nichts Ungewöhnliches bei einem älteren Herrn.

Doch Frida Lauhoff, die Witwe, wollte nicht an einen Unfall glauben. Sie protestierte zuerst bei der Staatsanwaltschaft und engagierte dann mich. Ihr Mann sei trotz seines Alters kerngesund gewesen, sagte sie. Noch am Tag seines Todes habe er gescherzt und einen munteren Eindruck gemacht. So jemand falle doch nicht einfach aus dem Boot.

Frida Lauhoffs Misstrauen trug sogar einen Namen: Heinz Bekker. Immerhin hatte sein Onkel ein beträchtliches Vermögen besessen und Bekker, der einzige Blutsverwandte, war im Testament mit einer nicht unerheblichen Summe bedacht worden. Ein Geldsegen, der dem Schauspieler sehr gelegen kam. Denn seine Gläubiger saßen ihm bereits mit Klagedrohungen im Nacken.

Natürlich hatte die Polizei routinemäßig Bekkers Alibi überprüft. Bekker gab an, die Nacht von Freitag auf Samstag und den Samstagvormittag mit einem jungen Mann in Bielefeld verbracht zu haben. Der junge Mann bestätigte die Angaben, ohne zu verhehlen, dass Bekker für die Nacht ein großzügiges Geschenk hinterlassen habe. Die vielen jungen Männer in Bekkers Bekanntenkreis waren angeblich der Hauptgrund seiner notorischen Finanzprobleme.

»Heinz lügt«, sagte Frida Lauhoff nachdrücklich, als wir uns im Salon ihrer Gründerzeitvilla gegenübersaßen. Mit ihren grauen, sorgfältig frisierten Haaren und der Perlenkette über der weißen Bluse wirkte sie wie eine vornehme alte Dame. Allerdings nur so lange, bis sie die Augen zusammenkniff und sich ihr Mund vor Wut verzerrte: »Bringen Sie mir den Kopf dieses kleinen Mistkerls, Herr Wilsberg!«

Als Privatdetektiv stößt man bei der Polizei auf wenig Gegenliebe, wenn man eine bereits abgeschlossene Untersuchung wieder aufrollen will. So war es auch in diesem Fall. Immerhin erhielt ich, vermittelt durch Frida Lauhoffs Anwalt, einen Einblick in die Ermittlungsakten. Sie gaben nicht viel Interessantes her. Abgesehen von der Aussage einer Joggerin, die einen roten Geländewagen in der Nähe von Lauhoffs Mercedes am Seeufer gesehen haben wollte. Die Polizei hatte die Spur nicht weiter verfolgt, sie hielt die Anwesenheit des Geländewagens für reinen Zufall. Zumal sich die Joggerin das Kennzeichen des roten Wagens nicht gemerkt und ein heftiger Regenguss alle Reifen- und Fußabdrücke am Anlegeplatz des Ruderbootes unkenntlich gemacht hatte.

So blieb mir nichts anderes übrig, als nach Bielefeld zu fahren und mit Bekkers nächtlicher Bekanntschaft zu reden.

Und mit Bekker selbst. Der noch nichts davon wusste, dass ich seinetwegen die Alpen überquert hatte.

Das Fotoshooting vor der Neuen Hofburg war mittlerweile beendet. Mit dem letzten Kameraklick hatte Bekker sein strahlendes Lächeln abgeschaltet. Jetzt hing der fransige Schnurrbart, den er für seine Rolle trug, in einem griesgrämigen Gesicht. Die Autogrammjäger hatten ihn beinahe über den Haufen gerannt, als sie zu den Stars stürmten. Von Bekker wollte niemand eine Unterschrift.

Mit hektischen Bewegungen, als müsse er einen Mückenschwarm verscheuchen, wühlte sich der kleine Mann durch die Menschenmenge. Dann wandte er sich nach Norden, Richtung Stephansdom.

Ich folgte ihm mit weitem Abstand.

Bekker logierte, wie ich in Erfahrung gebracht hatte, in einem Mittelklassehotel in der Leopoldstadt. Nicht wie die Stars in einem Fünfsternehotel in der Inneren Stadt. An der Größe und Lage seines Hotelzimmers kann jeder Schauspieler seinen aktuellen Marktwert ablesen.

Gemächlich schlenderten wir durch die Innere Stadt bis zum Ufer des Donaukanals. Auf der Brücke, die in die Leopoldstadt führte, blieb der Schauspieler stehen und betrachtete das trübe Wasser des Donauarms.

Um keine Aufmerksamkeit zu erregen, ging ich weiter. Der richtige Zeitpunkt für ein Gespräch schien mir noch nicht gekommen. Bei Dunkelheit und in einer engen Seitengasse wirkt ein Einschüchterungsversuch wesentlich glaubwürdiger als am helllichten Tag unter vielen Zeugen.

»Warum folgen Sie mir?«, fragte Bekker, noch immer aufs Wasser starrend.

»Tu ich das?«

»Ja.« Er drehte sich um. »Seit der Hofburg sind Sie hinter mir her.«

»Offenbar muss ich an meiner Beschattungstechnik feilen.«

Bekker schaute zu mir hoch. »Sie sind dieser Privatdetektiv, stimmt's? Mischa hat mir erzählt, dass Sie ihn genervt
haben.«

»Wilsberg«, stellte ich mich vor. »Ich arbeite für Ihre
Tante Frida.«

»Frida!« Er schnaubte. »Die alte Schachtel denkt, ich habe
ihren Mann umgebracht.«

»Und? Haben Sie?«

Ein kratziges Lachen war die Antwort. »Kommen Sie!
Gehen wir ein Stück.«

Bekker schlug jetzt einen schnelleren Schritt an. Wir
folgten der Praterstraße, an deren Ende das Riesenrad zu
sehen war.

»Ich kann meinen Onkel nicht ermordet haben. Ich war in
Bielefeld, das wissen Sie doch.«

»Ich weiß nur, dass Mischa Ihnen ein Alibi gibt.«

»Könnten Sie das Gegenteil beweisen, wären Sie nicht
hier, sondern bei der Polizei.«

»Der rote Geländewagen gibt mir zu denken«, sagte ich,
ohne auf sein Argument einzugehen.

»Welcher rote Geländewagen?«

»Eine Joggerin hat ihn am Seeufer gesehen, als Ihr Onkel
ertrank.«

»Na und?«

»Mischas Vater besitzt einen roten Geländewagen. Finden
Sie das nicht merkwürdig?«

»Tatsächlich?« Bekker blieb ruhig. Was mich nicht ver-
wunderte. Als Schauspieler hatte er Übung darin, seine Gefühle zu kontrollieren.

»Theoretisch könnten Sie mit Mischa von Bielefeld zum
See und wieder zurückgefahren sein.«

Bekker lachte. »Theoretisch könnte ich mit Mischa auf
dem Mond gewesen sein. Jedenfalls habe ich in dieser Nacht
Sterne gesehen, so viel kann ich Ihnen verraten.«

Wir erreichten den Prater, das Gelände rings um das Riesenrad war abgesperrt, die Filmcrew bereitete die Aufnahmen vor, die am Nachmittag und in der Nacht gedreht werden sollten. Bekker lotste mich an einem Security-Mann vorbei, einige Techniker und eine junge Frau mit Headset, die ständig irgendwelche Befehle in ihr Mikro brüllte, grüßten ihn mit einem Kopfnicken. Bekker ging unbeirrt weiter. Allmählich fragte ich mich, was er vorhatte.

Im Sockel der gigantischen Stahlkonstruktion hatten Caterer Tische mit Bergen von belegten Broten, Kuchenteilchen und Kaffeespendern aufgebaut. Schautafeln an den Wänden ringsum erzählten die Geschichte des Riesenrads, das im Jahr 1897, nach nur achtmonatiger Bauzeit, erstmals in Betrieb gegangen war.

»Haben Sie Lust auf eine Fahrt?«, fragte Bekker.

»Jetzt?«

»Warum nicht? Um die Kameraperspektiven einzurichten, müssen ohnehin Dummys mitfahren.«

Ich wägte kurz die Risiken ab und entschied, dass sie nicht allzu hoch waren. Der Schauspieler würde es nicht wagen, einen Streit anzufangen. Und von meiner Höhenangst musste ich ihm ja nichts erzählen. Über eine Treppe gelangten wir zum Einstieg in die Waggons. Bekker verhandelte kurz mit einem weiblichen Wachposten, dann befanden wir uns im Inneren der roten Holzkabine, die sich mit einem Ruck und anschließendem sanftem Schaukeln vom festen Untergrund entfernte.

»Eine Umdrehung dauert im Normalbetrieb fünfzehn Minuten«, sagte Bekker. »Für Harry Lime war das lang genug, um vor Holly Martins seine Lebensbeichte abzulegen.«

»Und wie ist das bei Ihnen?«

»Ich habe nichts zu beichten.«

»Sagte ich schon, dass ich auch mit der Joggerin gesprochen habe?«, fragte ich.

Bekker schaute aus dem Fenster.

Langsam gewannen wir an Höhe. Ich vermied den Ausblick nach unten, das Schaukeln machte mir ein wenig zu schaffen.

»Die Joggerin hat etwas erwähnt, auf das ich mir zunächst keinen Reim machen konnte«, fuhr ich fort. »Sie sagte, in dem roten Geländewagen hätten drei Männer gesessen. Das passte nicht zu meiner Theorie, dass Sie und Mischa Ihren Onkel ermordet haben.«

»Vielleicht haben wir ja einen Anhalter mitgenommen.« Der Schauspieler grinste mich an. »Der hat uns dabei geholfen, den alten Lauhoff ins Wasser zu schmeißen, und dafür haben wir ihm anschließend einen Kaffee spendiert.«

»Wäre eine Möglichkeit. Ich tippe aber auf eine andere.«

Bekker kam auf mich zu. »Alles in Ordnung? Sie sehen ein bisschen blass aus.«

»Mir geht's gut.« Ich hielt mich am Tisch in der Mitte des Waggons fest. »Der Zahnarzt Ihres Onkels …«

»Was ist mit ihm?«

»Muss ziemlich miserabel sein. Auf dem Röntgenbild ist zu sehen, dass die Zähne der Leiche kariös waren. Parodontose, schlechte Mundhygiene, alles, was man verkehrt machen kann. Ein anderer Zahnarzt, dem ich das Bild gezeigt habe, meinte, dass der Mann des Öfteren unter Zahnschmerzen gelitten hat.«

»Ich habe meinem Onkel nicht in den Mund geschaut.«

»Aber Ihre Tante. Ich meine, sie hat mir bestätigt, dass Meinolf Lauhoff regelmäßig zu Kontrolluntersuchungen gegangen ist. Auch auf allen Fotos sehen seine Zähne blendend aus.«

»Was wollen Sie damit sagen?«, fragte Bekker.

»Dass die Leiche nicht Ihr Onkel ist.«

Die Kabine stoppte mit einem knirschenden Geräusch. Wir waren jetzt am höchsten Punkt der Drehung angelangt.

»Fünfundsechzig Meter«, sagte Bekker. »Ein herrlicher Ausblick, finden Sie nicht?«

»Ja«, log ich.

Wien lag unter uns. Die Innere Stadt mit ihren Prachtbauten sah aus wie ein Modellbaukasten. Es war beeindruckend. Beeindruckend und beklemmend zugleich.

»Wann werden Sie das Bewusstsein verlieren?« Der kleine Mann betrachtete mich lauernd. »Irgendwann unterwegs? Oder werden Sie noch mitbekommen, wie Sie auf dem Boden aufschlagen?«

Ich rang mir ein müdes Grinsen ab. »Ich habe schon bessere Scherze gehört.«

»Das ist kein Witz. Sie sind der Wahrheit sehr nahe gekommen, Herr Wilsberg. Zu nah.«

»Sie wollen mir drohen?« Ich richtete mich auf.

»Genau. Sie haben doch bereits wackelige Knie und mit dem hier ...«, er zog seine rechte Hand aus der Hosentasche und zeigte mir einen Schlagring, »... mache ich Sie fertig. Wissen Sie, als Homosexueller wird man manchmal angepöbelt. Ich habe irgendwann beschlossen, mir das nicht mehr gefallen zu lassen.«

Ich trat einen Schritt zurück. Das war kein Spiel mehr. Mir wurde übel. Nicht nur wegen der fünfundsechzig Meter, die uns von der Erdoberfläche trennten. »Bis jetzt kommen Sie vielleicht mit Beihilfe zum Mord davon. Wenn Sie mich angreifen, wird es für Sie unangenehmer.«

»Ach was!« Bekker winkte ab. »Ich werde behaupten, dass Sie aus dem Fenster gesprungen sind. Leider habe ich Sie nicht vom Selbstmord abhalten können.«

»Damit kommen Sie nicht durch.«

»Wetten Sie lieber nicht.«

»Was ist mit der Kameraperspektive?«

»Toter Winkel.« Der Schauspieler hob den Arm – und lachte laut auf.

»Sorry, der kleine Spaß musste sein. Sie hatten richtig Angst, oder?«

»Nein«, behauptete ich. »Selbstverteidigung gehört bei Privatdetektiven zur Grundausbildung.« Mit Erleichterung bemerkte ich, dass wir wieder auf dem Weg nach unten waren.

Bekker trat ans Fenster. »Möchten Sie die ganze Geschichte hören?«

»Gerne.«

»Der Tote ist ein Landstreicher. Er hatte Leberzirrhose im Endstadium und nur noch ein paar Wochen zu leben. Wir haben ihm quasi einen Gefallen getan, indem wir ihm seine letzten Schmerzen erspart haben. Die Sache mit dem Zahnarzt hat mein Onkel geregelt – gegen eine gewisse Summe in bar. Außerdem hat Onkel Meinolf Haare des Penners in seinem Badezimmer verteilt – für den DNA-Test. So mussten wir nur noch dafür sorgen, dass die Leiche eine Weile unter Wasser bleibt.«

»Der dritte Mann im Geländewagen war also Ihr Onkel?«, stellte ich fest.

»Richtig. Mischa und ich haben ihn anschließend zum Flughafen gebracht. Mit einem falschen Pass und der Verpflichtung, ihm die Hälfte meines Erbes auf ein Nummernkonto zu überweisen. Dass er meinen Erbanteil erhöht hat, geschah nicht ganz uneigennützig.«

»Und warum das alles?«

»Er konnte Tante Frida nicht mehr ertragen. Und er war zu feige, nach vierzig Jahren Ehe die Scheidung einzureichen. Deshalb hat er beschlossen, zu sterben. Vorläufig jedenfalls. Ich habe keine Ahnung, wo er sich zurzeit aufhält. Aber ich bin sicher, dass es sich dort sehr angenehm leben lässt.«

Der Waggon stoppte über der Plattform und wir stiegen aus.

»Das Gespräch war natürlich off records«, sagte Bekker,

als wir ins Freie traten. »Wenn Sie damit zur Polizei gehen, werde ich alles abstreiten. Und Sie haben nichts in der Hand, womit Sie mich drankriegen.« Er reichte mir die Hand. »War schön, Sie zu treffen, Herr Wilsberg. Eine Wiederholung ist allerdings nicht notwendig.«

Ich sah ihm nach, bis er in der Menge verschwunden war. Dann schaltete ich mein Handy aus, mit dem ich unser Gespräch aufgenommen hatte. Allerdings war ich mir nicht sicher, ob sich Tante Frida über das Geständnis freuen würde.

Raucher sind Mörder

Es war an einem dieser düsteren Herbsttage. Das Detektiv-geschäft lief schleppend, und ich hatte ausreichend Zeit, um über ein deutsches Kohlgemüse mit sieben Buchstaben nachzudenken und dabei an einer handgerollten Honduras-zigarre für fünf Euro das Stück zu saugen. Der kleine, aber erlesene Vorrat, der im Schreibtisch lagerte, stammte noch von meinem letzten, erfolgreichen Auftrag, bei dem ich einen moldawischen Exil-Tabakhändler aus den Klauen der moldawischen Mafia befreit hatte.

Zwischen Nachdenken und Paffen warf ich gelegentliche Blicke aus dem Bürofenster. Unten, auf dem Prinzipalmarkt, konnte sich ein grauer Menschenstrom nicht entscheiden, ob er noch der herbstlichen Depression oder bereits dem vorweihnachtlichen Kaufrausch verfallen war.

Endlich klingelte das Telefon. Das heißt, es klingelte im Vorzimmer, auf dem Schreibtisch meiner Sekretärin Jana, die sich die vorgeschriebenen drei Sekunden – das wirkte professioneller – Zeit ließ, bis sie abnahm. Ungeduldig lauschte ich ihren, durch die Glastür kaum gefilterten Worten: »Detektivbüro Wilsberg. Ermittlungen aller Art.«

Jana hörte zu und sagte dann: »Einen Moment bitte. Ich verbinde.«

Als der Durchstell-Summton erklang, hatte ich den Hörer schon in der Hand. »Wer ist es?«

»Keine Ahnung. Hat seinen Namen nicht genannt.« Janas Stimme klang schleppend und gelangweilt. Aber das würde sie auch dann noch tun, wenn der Domplatz aufreißen und eine Horde nach Schwefel stinkender Teufel aus dem Loch klettern würde. »Er meinte, Sie hätten seinen Anruf erwartet.«

Das war gelogen. Nicht der optimalste Anfang einer gedeihlichen Geschäftsbeziehung. Ich nahm mir vor, mich davon nicht beeindrucken zu lassen.

Es war eine Männerstimme. Sie kam direkt zur Sache: »Das ist deine letzte Chance, Wilsberg. Entweder du hörst auf oder wir verpassen dir einen Denkzettel.«

Ich schluckte. »Wovon reden Sie überhaupt?«

Die Stimme lachte dreckig. »Glaub mir, Freundchen, die Nichtraucher-Liga kennt jeden Raucher in der Stadt. Ihr habt lange genug die Luft verpestet und unseren Kindern euer Gift eingeimpft. Wir lassen uns das nicht länger bieten. Also: Wie lautet deine Antwort?«

»Nun machen Sie aber mal einen Punkt! Es gibt auch noch andere Umweltverschmutzer, Autos zum Beispiel oder die Industrie. Ich zahle bereits einen fünfzig Prozent höheren Krankenkassenbeitrag, und Sie können sich nicht vorstellen, was ich mir bei meinem Zahnarzt anhören muss. Dabei«, ich holte zu meinem gewichtigsten Argument aus, »fallen wir Raucher der Sozialversicherung insgesamt weniger zur Last als ihr Nichtraucher. Okay, die Krebsbehandlung ist ziemlich teuer. Aber wegen der niedrigeren Lebenserwartung kann sich die Rentenversicherung an uns gesundstoßen.«

Leider hatte mein Gesprächspartner nichts für Argumente übrig. Er sagte: »Du hast es so gewollt«, und legte auf.

Die Honduras war vor Schreck ausgegangen. Ich setzte sie wieder unter Dampf und paffte gedankenverloren vor mich hin. Natürlich hatte ich schon von den Aktionen der Nichtraucher-Liga gehört. Seitdem im Jahr 2014 die rot-grüne Koalition, die von der Nichtraucher-Partei geduldet wurde, Münster zur rauchfreien Zone erklärt und das Rauchen in öffentlichen Gebäuden, in Gaststätten, in Parks und auf allen Straßen unter Strafe gestellt hatte, war das Klima für Raucher merklich schlechter geworden. Der Nichtraucher-Liga reichte das alles noch nicht. Mit Graffiti (*Hier wohnt ein Raucher-Schwein*) und handgreiflichen Attacken ging sie gegen renitente Raucher vor, die das Rauchverbot in der Öffentlichkeit missachteten.

Bislang hatte ich mich jedoch in Sicherheit gewähnt. Ich rauchte nur in geschlossenen Räumen und weißte jeden Morgen meine Zähne. Es sei denn – ich schielte zur Glastür –, Jana hatte sich den Nichtraucher-Terroristen angeschlossen.

Mit einem entschlossenen Griff drehte ich die Rauchfanganlage, die nicht nur den Rauch absaugte, sondern auch einen schwachen Fichtennadelgeruch verströmte, eine Stufe höher. Beinahe gleichzeitig gab es eine spürbare Erschütterung, unmittelbar gefolgt von einem lauten Knall im Treppenhaus.

Ich stürzte in den Vorraum. »Was war das?«, fragte ich Jana, die regungslos auf ihrem Stuhl saß.

»Kann ich durch Wände gucken?«, gab sie angewidert zurück. »Wer ist denn hier der Detektiv?«

Im Treppenhaus schlug mir beißender Qualm entgegen. Immerhin, die Treppe stand noch. Als sich die Rauchschwaden einigermaßen gelichtet hatten, konnte ich die blutrote Kritzelei neben der Tür entziffern: *Letzte Warnung!*

Die Polizisten wirkten nicht sonderlich überrascht.

»Sie sind der Dritte innerhalb von zwei Wochen«, sagte ein genervt wirkender Grünling und kritzelte etwas auf seinen Notizblock. »Oder rauchen Sie etwa nicht?«

»Na ja, gelegentlich ...«

»Hauchen Sie mich mal an!«

»Also, ich bitte Sie ...«

»Machen Sie schon!«

Ich hauchte.

»Mittelschwerer bis schwerer Raucher«, stellte er fest. »Ich kann den Schaden selbstverständlich protokollieren.

Aber Sie wissen ja, dass Versicherungen bei Schäden, die im Zusammenhang mit Rauchen entstehen, immer von Eigenverschulden ausgehen.«

Nach einem Gespräch mit meinem Bürovermieter, das reichlich unerfreulich verlief, beschloss ich, den Laden für diesen Nachmittag zu schließen. Auch Jana hatte nichts dagegen, wie ich einem kurzen Zucken ihrer Mundwinkel entnahm.

Auf dem Weg zu meinem Auto schrak ich nur einmal zusammen, nämlich als ich an einer Plakatwand vorbeikam, die mir bis dahin noch nicht aufgefallen war. *Raucher sind Mörder* stand dort in fetten Lettern. Und klein darunter: *Wir kriegen euch.*

Ich lenkte den Wagen stadtauswärts. Instinktiv zog es mich zu dem einzigen Menschen, mit dem ich über mein Problem reden konnte: Hajo Kleine-Schnutenkamp. Hajo war von Beruf Tabakhändler. Früher hatte er mal einen Laden am Prinzipalmarkt besessen, aber als die Innenstadt zum Sperrgebiet für Tabakgeschäfte erklärt wurde, musste er mit seinem Sortiment in einen zum Verkaufsstand umfrisierten Wohnwagen an der Landstraße zwischen Gimbte und Westbevern umziehen.

Hajo nickte, als ich ihm von dem Anschlag erzählte. »Die werden immer wilder. Erst letzte Woche haben sie versucht, mir einen Molotowcocktail in den Wagen zu schmeißen. Ist ihnen schlecht bekommen.« Er griff unter die Theke und zog einen Revolver hervor. »Einen von denen habe ich am Bein erwischt. Trotzdem, Ende des Monats ist Schluss für mich. Das Herz, verstehst du?«

»Du hörst auf?«, fragte ich entsetzt.

»Ich habe eine Konzession für den Verkauf von Bienenhonig auf Wochenmärkten bekommen. Ein ruhiges Geschäft, alles ökologisch.«

»Und wo kriege ich dann ...?« Der Rest der Frage blieb mir im Hals stecken.

»Am Steiner See südlich von Hiltrup gibt's noch einen Händler. Allerdings ist er nicht leicht zu finden. Aus Sicherheitsgründen hat er nur ein paar Stunden in der Woche geöffnet. Hier«, er schob mir einen Zettel über die Theke, »die können dir weiterhelfen.«

Eine Raucher-Gruppe. Ich seufzte. Vereinsmeierei hatte ich noch nie ausstehen können. Aber was blieb mir anderes übrig, wenn ich Gleichgesinnte treffen wollte?

Mit einem Stapel Zigarilloschachteln und einem mulmigen Gefühl im Bauch ging ich zu meinem Auto zurück. Die Gespräche mit Hajo würden mir fehlen. Außerdem konnte man hier draußen in Ruhe einen Zigarillo durchziehen, ohne gleich die Polizei fürchten zu müssen.

Auf der Fahrt nach Hause probierte ich eins von Hajos Abschiedsgeschenken, eine rauchfreie Zigarette, die aussah wie ein Lutscher und die man daher sogar im Auto rauchen konnte. Sie schmeckte fürchterlich. Wenn das die Zukunft des Rauchens war, würde ich lieber nach Kuba auswandern. Seitdem Fidel Castros Nachfolger die Insel zum Raucher-Schutzgebiet ausgerufen hatten, boomte der Tourismus. Sogar Exilkubaner aus Miami ließen sich für ein Rauchwochenende nach Havanna einfliegen.

Die Raucher-Gruppe traf sich im Hinterzimmer einer Kneipe, geschützt durch eine raffinierte, doppelte Luftschleuse, die der Wirt, selbst Raucher, von der Theke aus steuerte. Die Anwesenden beäugten mich zwar misstrauisch, aber Hajos Passierschein und eine frische Honduras beruhigten die Gemüter.

Was dann kam, war noch deprimierender, als ich es mir ohnehin vorgestellt hatte. Fast alle Anwesenden waren Zigarettenraucher, die gierig an ihren Kippen sogen, um in möglichst kurzer Zeit eine maximale Menge Nikotin in die Lungen zu pumpen. Keine Spur von Rauchgenuss.

Und als ich vorsichtig mein Anliegen vorbrachte, gemeinsam etwas gegen die Nichtraucher-Liga zu unternehmen, winkten sie ab.

»Keine Chance«, sagte ein Mann, der sich Hans nannte, wahrscheinlich ein Pseudonym. »Die sind so gut organisiert, da können wir nicht gegen anstinken. Da steckt eine Menge Geld dahinter. Angeblich wird die Liga von der Nichtraucher-Partei finanziert.«

»Weißt du, die hatten mich auch mal auf dem Kieker«, meinte ein anderer. »Schmierereien an der Haustür und so. Du kennst das ja. Ich habe dann überall herumerzählt, ich hätte mir das Rauchen abgewöhnt. Von da an war Ruhe. In meinen Keller können sie nämlich nicht reingucken.«

»Alles eine Frage des guten Rauchabzugs«, lachte ein dritter. »Man muss sich seinen Keller nur gemütlich einrichten.«

Nach einer halben Stunde zog ich frustriert wieder ab. Mitstreiter konnte ich hier keine finden. Entweder ich nahm den Kampf alleine auf oder ...

Neben mir raschelte es im Gebüsch. Ich fuhr herum, die Finger um das Zigarrenetui geklammert. Aber es war nur ein Eichhörnchen.

Am nächsten Morgen erschien Jana nicht zur Arbeit. Dafür kam mit der Post ihre Kündigung. Es sei nichts Persönliches, aber sie müsse an sich und ihre Kinder denken. Deshalb sei es für beide Seiten am besten ... blabla.

Ich war nicht verzweifelt, aber noch nie hatte ich mich so gut in den letzten Mohikaner hineinfühlen können. Den ganzen Vormittag über tigerte ich durch das Büro. Vor lauter Anspannung vergaß ich sogar das Rauchen.

Die Nichtraucher-Liga ließ sich Zeit. Genau bis ein Uhr mittags. Dann meldete sich mein Quälgeist vom Vortag.

»Nun? Wie hast du dich entschieden?«

»Raucher sind die besseren Menschen«, sagte ich.

Ein bedrohliches Schweigen in der Leitung.

»War nur ein Scherz«, fügte ich hastig hinzu. »Ich bin bereit, auf alle Forderungen einzugehen.«

»Dein Glück«, grollte er. »Als Erstes ziehst du die Jalousie an dem Fenster vor deinem Schreibtisch hoch.«

Auf der anderen Seite des Prinzipalmarktes stapelte sich fünfstöckig der Hauptsitz der Stadtverwaltung. Und hinter einer der ungefähr sechzig Einheitsgardinen, die mir zugewandt waren, stand vermutlich Quälgeist.

»So, und nun vernichtest du deine Tabakvorräte auf dem Schreibtisch! Schön langsam, ich möchte es genau sehen.«

»Was halten Sie davon, mir kurz zuzuwinken? Dann weiß ich, in welche Richtung ich mich drehen muss«, schlug ich ihm vor. Er lachte und schickte eine Drohung hinterher.

Ich zerbröselte den Inhalt einer Zigarilloschachtel der billigeren Art. Als Zugabe, wenn auch schweren Herzens, opferte ich drei handgerollte Honduras.

»Das war's«, stöhnte ich in den Telefonhörer. »Zufrieden?«

»Und was ist mit der Kiste in der rechten unteren Schreibtischschublade?«

»Die Montecristos?«, schrie ich auf. »Sind Sie wahnsinnig? Das ist Kulturgut. Echte Havannas. Auf dem Schwarzmarkt könnte ich dafür einen Tausender bekommen.«

»Von mir nicht«, kanzelte er mich humorlos ab. »Wird's bald?«

Jana, schoss es mir durch den Kopf. Sie musste mit denen unter einer Decke stecken. Niemand sonst wusste, wo ich die Montecristos aufbewahrte.

Blitzschnell legte ich eine Handvoll Zigarren neben die Kiste, der Rest war unwiederbringlich verloren. So elend wie beim Zerkrümeln der kostbaren braunen Stängel hatte ich mich schon lange nicht mehr gefühlt. Gleichzeitig schwor

ich Quälgeist Rache. Er hatte eindeutig überzogen. Bis hier-
hin und nicht weiter. Das würde mir die Nichtraucher-Liga
büßen.

Um ihn zu testen, ließ ich drei Zigarren unversehrt. »Fertig.«

»Willst du mich verarschen?«

Aha, das konnte er nur aus der obersten Etage sehen.
Während ich die drei letzten Havannas niedermachte, be-
hielt ich die obere Fensterreihe im Auge. Und tatsächlich,
die dritte Gardine von links bewegte sich leicht.

»Unmensch, Kulturbanause«, motzte ich ins Telefon. Aber
da war die Leitung schon tot.

Ich schloss das Büro ab und hetzte über die Straße. In
weniger als drei Minuten hatte ich Quälgeists Operations-
basis lokalisiert. Neben der Tür hing kein Namensschild.

Ich drückte ein Ohr gegen das Holz. Nichts.

Ich klopfte. Wieder nichts. Vorsichtig drückte ich die
Klinke. Die Tür ließ sich widerstandslos öffnen. Hinter ihr
verbarg sich – eine schnuckelige Teeküche. Ich hätte vor
Wut heulen können.

Doch plötzlich roch ich es. Ein ekelhaftes Männerparfüm.
Eins von der Sorte, die einem das Essen verdirbt, wenn der
Typ am Nebentisch sich damit eingesprenkelt hat. Und es
kam mir irgendwie bekannt vor. Ich schnüffelte erneut.
Richtig, jetzt fiel es mir wieder ein.

Der Rest war ein Kinderspiel. Ein paar Tage Observation,
einige gezielte Einkäufe. Dann konnte der Coup starten.

Winfried Grippekoven, der Pressesprecher des Fraktions-
vorsitzenden der Nichtraucher-Partei, welcher mich mal
engagiert hatte, weil er die wirtschaftlichen Verhältnisse des
neuen Liebhabers seiner Exfrau geklärt wissen wollte, traf
sich mit den übrigen Aktivisten der Nichtraucher-Liga in
einem Seminarraum des *Gesundheits-Zentrums*, einer Wei-
terbildungseinrichtung im Südviertel. Zur Tarnung hatten

sie sich die Kursbezeichnung *Wie schützen wir unsere Kinder vor Nikotin-Dealern?* zugelegt.

Nachdem sich alle Ligisten versammelt hatten, versperrte ich mit einem Nachschlüssel unbemerkt die Tür. Dann füllte ich eine Magnumflasche des ekligen Herrenparfüms in ein Spezialgerät für Kammerjäger und blies ihnen einen Vorgeschmack durchs Schlüsselloch.

Der Erfolg war beachtlich. Erstes Niesen, Unruhe, gereizte Anfragen: »Wer stinkt denn hier so?«

Die nächste Prise fiel deftiger aus. Jetzt kam Leben in die Bande. Sie sprangen auf, schrien sich an, rüttelten an der Tür.

Ich nahm das Mikrofon und aktivierte die in der Nacht zuvor installierte Lautsprecheranlage: »Na, wie gefällt euch das? Ist der Geruch einer edlen Havanna-Zigarre nicht geradezu lieblich dagegen?«

Wütendes Geheul war die Antwort. Aber nicht lange. Nach zwei weiteren Prisen kapitulierten sie. Sie flehten geradezu darum, meine Havannas ersetzen und den Hausflur renovieren zu dürfen. Winfried Grippekoven wurde, bei einer Gegenstimme, aus ihrem Verein ausgeschlossen. Außerdem erweiterte die Liga auf meinen Wunsch hin ihren Aktionsradius. Per E-Mail wurden alle münsterschen Medien darüber informiert, dass man sich zukünftig gegen den Missbrauch von Parfüm in der Öffentlichkeit einsetze.

Wilsberg und die Leiche mit dem Löffel

Die Tage in diesem Frühsommer verliefen so schleppend wie die Ausflüge meiner betagten Nachbarin aus dem Erdgeschoss zum Supermarkt. Was ich deshalb so genau beurteilen konnte, weil ich sie gelegentlich durch das Küchenfenster beobachtete. In Ermangelung von anderen, sinnvolleren Tätigkeiten, wie zum Beispiel meinem Job als Detektiv nachzugehen, Geld zu verdienen, der Welt und speziell meinen Auftraggebern nützliche Dienste zu erweisen. Kurz gesagt: Ich brauchte neue Klienten, mein Terminplan war so leer wie mein Konto, und nachdem ich bereits die Wohnung geputzt und die Festplatte meines Computers von überflüssigen Mails gereinigt hatte, sah ich den Moment kommen, an dem ich freiwillig meine Steuererklärung noch vor dem letztmöglichen Zeitpunkt machen würde. Da – endlich – klingelte das Telefon. Mein Bürotelefon, das ich aus dem Büro in die Küche mitgenommen hatte, wo ich gerade den dritten Latte macchiato dieses Morgens zubereitete.

Ich wartete ein paar Sekunden und meldete mich dann mit der gelangweilten, leicht gehetzten Stimme eines erfolgreichen freien Unternehmers: »Wilsberg.«

»Können wir Sie engagieren?«

»Natürlich«, antwortete ich eine Spur zu schnell. »Wer sind Sie denn?«

»Die Krankenhausoberin der Raphaelsklinik.«

»Aha.« War die finanzielle Situation der Krankenhäuser schon so schlecht, dass man die Patientengebühren von Detektiven eintreiben lassen musste? »Und um was geht es?«

»Um eine Leiche.«

Meine Stimmung sackte in den Keller. »Die Sie beseitigen wollen?«

»Über so etwas machen wir keine Scherze, Herr Wilsberg.«

»Verstehe.«

»Nein. Verstehen Sie nicht. Ich erwarte Sie in einer halben Stunde an der Pforte.«

Mir fielen noch eine Menge Fragen ein. Zur Herkunft der Leiche. Zur Art und Weise, wie sich der vormals lebende Mensch in diese verwandelt hatte. Eine natürliche Todesursache kam eigentlich nicht in Betracht, darauf waren Krankenhäuser schließlich spezialisiert. Und für Mord und Totschlag benötigte man keinen Privatdetektiv, da reichte der allgemeine Polizeinotruf, der das zuständige Kommissariat im münsterschen Polizeipräsidium auf Trab bringen würde. Aber bevor ich die Fragen stellen konnte, hatte die Oberin schon aufgelegt.

Nach etwas mehr als dreißig Minuten sah ich die Antwort. Sie lag im Boden, ein Presslufthammer hatte sie aus ihrer Betongruft befreit. Die Leiche – besser gesagt, das Skelett – war nur noch von ein paar mickrigen Stoff- und Lederfetzen umgeben.

»Würden wir den Hedwigsflügel der Klinik nicht umbauen – wir hätten sie wahrscheinlich nie entdeckt«, sagte die Oberin, eine Frau unbestimmbaren Alters in grauer Ordenstracht. »Das Fundament stammt noch aus der Gründungszeit, Anfang des zwanzigsten Jahrhunderts.«

Die beiden Männer, die zusammen mit der Oberin und mir das Loch umringten, nickten besorgt. Der eine trug einen weißen Kittel, der andere ein kariertes Flanellhemd, der erste war für Chirurgie, der zweite für Öffentlichkeitsarbeit zuständig. Ganz offensichtlich würde der Fund dem Mann in Karo in nächster Zeit mehr Arbeit bescheren.

»Heißt das, die Leiche ist hier vor rund hundert Jahren abgelegt worden?«

So unterschiedlich die drei Beschäftigten der Raphaelsklinik auch waren, die Blicke, die sie sich zuwarfen, sprachen für ein gemeinsames Geheimnis, das sie mir vorenthielten.

»Nun ja«, begann der Chirurg schließlich, »eines kann man mit ziemlicher Sicherheit sagen: Der Tod ist vor hundert Jahren, plus/minus fünf Jahre, eingetreten. Das lässt sich mit wissenschaftlichen Methoden bestimmen.«

»Ist das dann nicht eher ein Fall für Archäologen?«

»Im Herbst feiern wir unser hundertjähriges Jubiläum«, mischte sich die Oberin ein. »Deshalb wollen wir so schnell wie möglich wissen, wer der Mann …«

»Mann?«

»Die Beckenknochen sprechen eindeutig für einen etwa zwanzigjährigen Mann«, warf der Chirurg ein.

»… ist und wer ihn …« Die Ordensfrau stockte.

»Wir gehen davon aus, dass er ermordet wurde«, half der Chirurg. Er bückte sich, hob den gräulichen Schädel hoch und zeigte mir das, was vor hundert Jahren mal ein Hinterkopf gewesen war. Ein kreisrundes Stück fehlte, umkränzt von haarfeinen Rissen. »Schädeltrauma, verursacht durch einen Schlag mit einem harten Gegenstand«, diagnostizierte er fachmännisch.

»Die Jubiläumsfeier darf von diesem Vorfall nicht überschattet werden«, sagte die Oberin mit einer Bestimmtheit, die keinen Widerspruch duldete, weder von Menschen noch von Fakten. »Denken Sie, Sie schaffen das, Herr Wilsberg?«

»Weiß ich nicht«, gab ich mich realistisch. »Da ich keine Augenzeugen auftreiben kann, dürfte die Sache schwierig werden.«

Ihre leicht angehobenen Augenbrauen signalisierten, dass sie eine bessere Antwort erwartet hatte.

»Ich werd's versuchen«, schob ich hinterher. »Wir müssen hoffen, dass jemand den armen Kerl vermisst hat.« Die leeren Augenhöhlen guckten mich traurig an. »Sonst bleibt er womöglich für immer anonym.«

»Hoffnung ist ein hohes Gut«, stimmte die Oberin zu. »Es gibt da etwas ...«

»Den Löffel?«, fragte ich.

Der Löffel war mir sofort aufgefallen. Er steckte zwischen den Knochen der rechten Hand. Ein ungewöhnliches Souvenir für eine Reise ins Jenseits.

»Vermutlich ist es nur ein ungewöhnlicher Zufall ...«

Ich wartete auf die Fortsetzung.

»Seit einiger Zeit vermissen wir den Löffel von Professor Ramstedt.«

Einen Moment lang herrschte beklommenes Schweigen in dem Gemäuer, das bis vor Kurzem als Heizungskeller gedient hatte. Die Ehrfurcht, mit der die Nonne den Namen aussprach, ließ darauf schließen, dass Ramstedt mehr als nur ein Halbgott in Weiß gewesen war.

Der für Öffentlichkeitsarbeit zuständige Mann in Karo saugte die kalte Kellerluft zwischen den Zähnen ein. »Herr Wilsberg weiß bestimmt nicht, wer Professor Ramstedt war.«

In den Kitteltaschen des Chirurgen wölbten sich die Hände zu Fäusten. »Ramstedt war der erste Chefarzt der Raphaelsklinik, der Nestor der münsterschen Chirurgie. *Die Ramstedt-Operation* zur Beseitigung der Pylorusstenose ist noch heute weltweit bekannt, selbst in Japan.«

»Pylo... was?«

»Verengung im Bereich des Magenausgangs, die verhindert, dass die Nahrung vom Magen in den Darm gelangt. Tritt erblich bedingt zumeist bei männlichen Säuglingen kurz nach der Geburt auf. Die Säuglinge erbrechen und leiden unter Austrocknung. Angezeigt ist eine operative Behandlung, bei der der Magenpförtnermuskel längs gespalten wird, auch bekannt als *Pyloromyotomie nach Weber-Ramstedt.*«

Ich spürte einen leichten Druck an den Schläfen. Noch

ein paar medizinische Fachausdrücke mehr und ich hätte das volle Krankheitsbild eines gemeinen Kopfschmerzes entwickelt.

»Danke!«, unterband ich weitere Ausführungen. »Das Einzige, was ich noch wissen muss: Was hat Professor Ramstedt mit dem Löffel angestellt?«

»Operiert natürlich.« Fassungslos über so viel Naivität schüttelte der Chirurg den Kopf. »1911 führte Ramstedt die erste Operation an einem kleinen Jungen durch – mit einem Löffel.«

Wieder schaute ich zu der Knochenhand, die neben dem blanken Oberschenkel ruhte.

»Mit diesem Löffel? Haben Sie nicht gesagt, der Löffel ist erst seit einiger Zeit verschwunden?«

»Richtig«, schaltete sich die Oberin ein. »Professor Ramstedt hat den Löffel an seinen Nachfolger übergeben, wie ein Zepter wurde er von den Chefärzten weitergereicht.«

»Aber dann kann das da nicht der Originallöffel sein«, schloss ich messerscharf. »Es sei denn …«

»… jemand hat das Fundament geöffnet«, ergänzte der Öffentlichkeitsmann. »Diese Möglichkeit bereitet uns die größte Sorge.«

»Wie auch immer.« Die Oberin strich über ihre graue Tracht. »Wir müssen an unsere Arbeit. Und Ihre, Herr Wilsberg, besteht darin, Klarheit zu schaffen.«

Ich spürte das Bedürfnis, ein paar Minuten mit dem Toten allein zu sein. Vielleicht würde er mir ja etwas erzählen, das er den anderen nicht verraten hatte.

※

Karl sprang von der Plattform, noch bevor die Straßenbahn auf der Salzstraße anhielt. Das war verboten und manche Schaffner regten sich darüber auf. Doch gerade das spornte

die jungen Männer, die untereinander um den frühestmögli-
chen und waghalsigsten Abstieg wetteiferten, besonders an.
Heute interessierte sich Karl nicht für den Wettkampf, die
anderen Springer und der Schaffner waren ihm egal. Er würde sein Mädchen treffen, zum ersten Mal allein, ohne die
Schwester, die auf Sitte und Anstand achtete.

Pfeifend lief er durch die Ringoldsgasse zur Loerstraße.
Seine Arbeitsstelle lag auf dem Gelände des Clemenshospi-
tals, zwischen der Krankenhausküche und den Wohngebäu-
den an der Stubengasse. Es war die Matratzenmacherei von
Sattlermeister Strothkamp, hier wurden die Matratzen der
Kranken und Verstorbenen gereinigt. Keine angenehme
Arbeit, Blut und andere Flüssigkeiten, die sich tief in das
Gewebe gefressen hatten, verströmten einen bestialischen
Gestank. Die Matratzen mussten aufgetrennt, das wollene
Deckgewebe gewaschen und die Teile anschließend wieder
zusammengenäht werden. Aber es war eine Arbeit, die ganz
anständig bezahlt wurde. Von dem Geld, das er jede Woche
verdiente, legte Karl einen beträchtlichen Teil zur Seite,
schließlich lebte er noch bei seinen Eltern.

Und bald würde es sogar noch mehr Arbeit geben. Die
Raphaelsklinik, im Auftrag der Clemensschwestern erbaut,
stand kurz vor ihrer Fertigstellung. Wegen der engen Verbindung beider Kliniken – sogar in der Matratzenmacherei
versahen zwei Clemensschwestern ihren Dienst – gab es
keinen Zweifel, dass die Raphaelsklinik ihre Matratzen bei
Strothkamp reinigen lassen würde.

Zuerst hatte es ihm nicht gefallen, mit zwei Nonnen Seite
an Seite im Dreck zu schuften. Nicht mal fluchen durfte
man über den infernalischen Geruch, ohne dass sie ihn stra-
fend anguckten oder mit Bibelworten traktierten. Doch
dann, vor wenigen Wochen, hatte Schwester Gervasia, eine
der beiden Ordensfrauen, Besuch von ihrer leiblichen
Schwester erhalten. Emma, so der Name des traumhaft

schönen Mädchens, erledigte für Dr. Ramstedt die Korres-
pondenz. Und da Ramstedts *Privatklinik für schwere Fälle*
demnächst in den neu errichteten Klinikbau umziehen sollte, hatten die beiden Schwestern eine Menge zu tratschen
und zu klatschen. Jedenfalls kam Emma von nun an ständig
vorbei, vielleicht, dachte Karl, auch wegen ihm, denn immer
ungenierter warf ihm Emma Blicke zu, die geradewegs unter
die Haut gingen. Blicke, die ihn an nichts anderes mehr denken ließen.

Ja, er hatte sich in Emma verliebt, obwohl es ihm in der
gesamten Zeit nicht gelungen war, mit ihr unter vier Augen
zu reden. Gervasias Aufmerksamkeit konnten die Liebenden –
in Karls Fantasie waren sie längst ein Paar – nicht entrinnen.
Bis gestern. Da hatte er, als Gervasia abgelenkt war, Emma
einen Zettel in die Hand gedrückt: *Treffen morgen Abend
neunzehn Uhr? Steiner's Conditorei am Prinzipalmarkt? Dein
Karl*

Endlose Sekunden, in denen sein Herz lauter hämmerte
als die Maurer auf der Baustelle gegenüber, musste er bangen.
Würde sie Ja sagen? Würde sie kommen? Dann die Erlö-
sung. Emma nickte. Ernst zwar und gefasst, als würde ihr die
Entscheidung nicht leichtfallen. Was Karl darin bestätigte,
dass es ihr, wie ihm, um sehr viel mehr ging.

⁕

Vor etlichen Jahren war das Stadtarchiv von der Hörster-
straße in die Speicherstadt zwischen Kinderhaus und Coerde
umgezogen, in größere, hellere, modernere Räume. Mit dem
muffigen Charme des alten Gebäudes hatte sich auch die
Möglichkeit verabschiedet, in vergilbten Zeitungen zu blättern. Manchmal, wenn ein Fall Ausflüge in die münstersche
Vergangenheit erforderte, hatte ich die dicken Zeitungsbän-
de zu einem der Lesetische getragen. Es war ein Vergnügen,

die Originale zu lesen, das Gewicht und den sauren Geruch der Geschichte zu spüren und zu riechen.

Inzwischen ratterten die alten Zeitungen als Filmstreifen durch ein Lesegerät, beliebig anzuhalten und zu vergrößern. So flog das Jahr 1908 an mir vorbei, mit Berichten aus der Stadt und amtlichen Mitteilungen, schwer zu entziffern und höllisch anstrengend. Am Ende des ersten Tages hatte ich einen steifen Nacken, am Ende des zweiten veritable Kopfschmerzen. Am dritten Tag fand ich die Meldung: *Seit Dienstag wird der zwanzigjährige Arbeiter Karl D., wohnhaft in Pluggendorf, vermisst. Zuletzt wurde er gesehen, als er seine Arbeitsstelle, die Sattlerei Strothkamp auf dem Areal des Clemenshospitals, gegen neunzehn Uhr verließ. Wohin sich D., der von seinen Eltern als zurückhaltender und höflicher junger Mann beschrieben wird, von dort aus gewandt hat, ist derzeit unbekannt. Den Eltern hatte er angegeben, er wolle sich am Abend noch mit jemandem treffen. Die Polizei hält eine Gewalttat nicht für ausgeschlossen. Hinweise zum Aufenthaltsort des Gesuchten nimmt jede Polizeiwache entgegen.*

Karl D., ein höflicher junger Mann. Zwanzig Jahre alt. Wie der Ermordete in der Raphaelsklinik zum Zeitpunkt seines Ablebens.

Ich suchte weiter. Drei Monate nach der ersten eine zweite Notiz. Karl D. werde immer noch vermisst. Entweder, so ein Polizeisprecher, habe sich D. ins Ausland abgesetzt oder er sei einem Verbrechen zum Opfer gefallen. Bis auf Weiteres werde die Akte geschlossen, da keine Aussicht bestehe, das Tatgeschehen, falls es sich um ein solches handele, aufzuklären.

Der einzige Anhaltspunkt, den ich besaß, war eine Sattlerei Strothkamp, die etwas mit dem Clemenshospital zu tun hatte. Das Clemenshospital, erinnerte ich mich, befand sich Anfang des zwanzigsten Jahrhunderts mitten in der Stadt, gleich neben der heutigen Raphaelsklinik. Nach den Zerstörungen des Zweiten Weltkriegs war das Krankenhaus an den Stadtrand verlegt worden, seinen Platz in der Stadtmitte hatte lange Zeit ein Parkplatz und mittlerweile ein neues Geschäftsviertel eingenommen. Und die Clemensschwestern in der Raphaelsklinik hießen deswegen Clemensschwestern, weil sie irgendwann im neunzehnten Jahrhundert den Pflegedienst im Clemenshospital übernommen hatten. Nicht ausgeschlossen, dass ich in ihrem Archiv etwas über die Sattlerei und Karl D. finden würde.

»Ja«, sagte die Archivarin, eine Nonne, deren lebendiges, neugieriges Gesicht viel jünger wirkte als ihr Körper, der sich mit mühseligen, kleinen Greisenschritten durch den Raum bewegte. »Die Matratzenmacherei, die befand sich hier.« Sie zeigte auf ein Häuschen inmitten eines gezeichneten Planes, der Straßen und Gebäude rings um Clemenshospital und Raphaelsklinik zu Beginn des zwanzigsten Jahrhunderts darstellte.

»Die Raphaelsklinik war ja damals das modernste Krankenhaus in Münster. Es gab eine Klimaanlage, ein Röntgen- und ein chemisch-bakteriologisches Laboratorium und die Operationssäle entsprachen den neuesten hygienischen Anforderungen. Sehen Sie hier!« Sie legte die Kopie eines Schwarz-Weiß-Fotos auf den Tisch. »Das ist die Gartenansicht der Raphaelsklinik. Die Glasveranda im ersten und zweiten Stockwerk konnte von den Patienten als Tages- oder Liegeraum genutzt werden. Und 1929 wurde mit dem Bettenturm an der Windthorststraße das erste Hochhaus Münsters gebaut. So stabil, dass es sogar die Bombardements des Zweiten Weltkriegs überstand. An der Schmalseite zur Stadt hin war eine neun Meter hohe Immaculata, ein Bildnis der Muttergottes, angebracht, das leider von einer Brandbombe getroffen wurde. Augenzeugen berichten, dass es noch stundenlang geglüht habe und …«

»Sehr interessant«, sagte ich. »Wissen Sie noch mehr über die Matratzenmacherei? Wie es dort vor hundert Jahren zuging?«

Die Archivarin war nicht erkennbar enttäuscht, sie brauchte nur einen Moment, um sich zu sammeln. »Soweit ich weiß, haben dort zwei Clemensschwestern mitgeholfen, die Matratzen der Patienten zu reinigen. Eine harte Arbeit, wie man sich vorstellen kann.«

»Gibt es darüber irgendwelche Aufzeichnungen? Dokumente? Briefe? Tagebücher?«

»Der Schwestern? Möglich. Alles, was nicht im Krieg vernichtet wurde, ist hier gelagert.« Die Nonne schaute sich mit einem Blick um, den ich bei weltlicher eingestellten Menschen für Besitzerstolz gehalten hätte.

»Und könnte ich ...«

»Sie gar nicht, Herr Wilsberg. *Ich* könnte danach suchen. Heute Abend vielleicht. Dann habe ich, so Gott will, ein wenig Zeit. Bis dahin muss ich mich um dringendere Angelegenheiten kümmern.«

✣

Seltsame Dinge ereigneten sich. In Sibirien, im fernsten Teil Russlands, war ein riesiger Feuerball niedergegangen. Mit einem Getöse, das noch Tausende Kilometer entfernt die Menschen erschreckte. Manche Forscher vermuteten, dass ein gigantischer Meteorit die Erdoberfläche getroffen habe, andere behaupteten sogar, ein Raumschiff vom Mars oder einem der anderen Planeten sei auf der Erde gelandet. Nach ersten Berichten hatte das Tunguska-Ereignis, wie es genannt wurde, ein Waldgebiet von der Größe Deutschlands vernichtet. Glücklicherweise, schrieben die Zeitungen, lebten dort keine Menschen.

Für Karl Dunkel, den Gesellen aus der Matratzenmacherei, war der sibirische Feuerball nur ein Zeichen. Ein Zeichen des Himmels, dass in seinem Leben nichts so bleiben würde, wie es gewesen war. Denn heute Abend, da war er sich sicher, würde er Emma küssen. Und am Wochenende könnten sie zur Margarethen-Kirmes nach Wolbeck fahren oder in den Zoologischen Garten gehen. Und dann …

Steiner's Conditorei hatte er mit Bedacht gewählt. Erst vor wenigen Tagen war das Café-Restaurant von Otto Schucan am Prinzipalmarkt 24 eröffnet worden, während nebenan, in den Häusern 25 und 26, das alte Café renoviert wurde. Karls Kalkül, dass es voll und laut sein würde, weil Neugier die Münsteraner in das unbekannte Lokal trieb, Emma und er also leicht übersehen und schon gar nicht belauscht werden konnten, erwies sich als berechtigt. Aber dann war er selbst überrascht von der drangvollen Enge, die in dem Café herrschte. Gäste warteten in einer Schlange auf freie Plätze, Serviererinnen mit weißen Schürzen über schwarzen Kleidern eilten von Tisch zu Tisch. Karl blickte sich suchend um, plötzlich fürchtete er, er sei zu spät gekommen, Emma längst wieder gegangen.

Doch da saß sie, in einer Ecke des Saales. Sein Herz sackte in den Magen. All die Sätze, die er sich zurechtgelegt hatte, erschienen ihm falsch und dumm. Fast hätte er sich umgedreht und wäre geflohen. Als er Emma die Hand reichte, erschien sie ihm überirdisch schön und so zerbrechlich wie Meißener Porzellan. Wie hatte er sich nur einbilden können, dass sie sich mit einem einfachen Sattlergesellen wie ihm einlassen würde?

Auch Emma konnte ihre Aufregung kaum verbergen. Und sie war es, die als Erste das Wort ergriff, als Karls Bier und ihr Tee auf dem Tisch standen: »Weißt du, warum ich hier bin, warum ich deine Einladung angenommen habe?«

Karl sagte nichts, er starrte sie nur mit offenem Mund an.

»Weil du mir leid tust. Meinst du, ich habe nicht gesehen,

wie du mir nachschaust, welche Hoffnungen du dir machst? Und ja, du gefällst mir auch – ein bisschen, jedenfalls.«

Karl gab ein krächzendes Geräusch von sich.

»Deshalb wollte ich es dir von Angesicht zu Angesicht sagen, an einem Ort, der nicht nach Blut und Urin stinkt. Ich bin verlobt. Mit Franz. Und ich liebe ihn. Franz ist Offizier und stammt aus einer guten Familie. Wir werden heiraten, schon bald. Franz war viele Monate fort, aber in wenigen Tagen kommt er zurück. Du verstehst doch, was das heißt, oder?«

Karl verstand nicht. Da saß dieses Mädchen, dessen Wangen glühten, nur eine Armlänge entfernt. Er streckte seine Hand aus, doch Emma wich panisch zurück. Der Teelöffel fiel klappernd auf den Tisch, Karl umklammerte ihn wie einen Dolch, als könnte er ihm Halt geben.

»Franz ist ein Mann von Ehre.« Emmas Stimme wurde schrill. »Er würde es nicht dulden, dass mich ein Mann anfasst. Sei vernünftig, Karl! Vergiss mich einfach! Dieses Rendezvous heute Abend hat nie stattgefunden. Such dir eine andere! Eine, die besser zu dir passt.«

Karl stürzte sein Bier in einem Zug hinunter. Sein Mund war ausgetrocknet und er brachte noch immer keinen Ton heraus. Auch nicht, als er zwei Mark auf den Tisch legte, weit mehr, als er für den Tee und das Bier bezahlen musste, sich erhob und zum Ausgang taumelte, blind für das Geschehen um ihn herum.

Er bemerkte den Mann nicht, der in einem Hauseingang am Prinzipalmarkt gestanden hatte, von wo aus er *Steiner's Conditorei* überblicken konnte. Und der Karl jetzt folgte, über die Stubengasse, vorbei am Klarastift, bis zum Rohbau der Raphaelsklinik …

✻

»Das hier beantwortet vermutlich Ihre Fragen«, sagte die Archivarin. Sie reichte mir eine Kladde, auf deren Einband in sorgsamer, altertümlicher Handschrift vermerkt war: *Tagebuch Sr. Gervasia.*

»Schwester Gervasia hatte eine lebhafte Fantasie«, bemerkte die Archivarin mit unbewegter Miene. »Sehr lebhaft. Was wohl darauf zurückzuführen ist, dass sie erst spät zu uns gefunden hat, nach einem bewegten Leben.« Sie seufzte. »Aber eines muss man ihr lassen: Sie kann sich in andere Menschen hineinfühlen. In diesen Karl Dunkel zum Beispiel.«

»Ist das der Ermordete?«

»Lesen Sie selbst!« Die Nonne wandte sich ab und schlurfte zu ihrem Computer. »Ich habe ein Zeichen hineingelegt.«

Es dauerte eine Weile, bis ich mich an Gervasias Handschrift gewöhnt hatte. Dann verschlang ich mit wachsender Spannung die Beinahe-Liebesgeschichte von Karl und Emma, bis zu ihrem abrupten Ende in *Steiner's Conditorei.*

Am nächsten Tag erschien Karl nicht zur Arbeit, schrieb Gervasia weiter. *Auch in den folgenden Tagen war er wie vom Erdboden verschluckt. Karls Eltern gingen zur Polizei und erstatteten eine Vermisstenanzeige, doch die Suche, die daraufhin eingeleitet wurde, verlief erfolglos. Emma redete sich ein, dass Karl einfach weggegangen sei, in einem Anfall von Enttäuschung und Überdruss beschlossen habe, sein Glück in einem fernen Land unter einer fremden Sonne zu erzwingen. Ein Rest Zweifel blieb jedoch bestehen, auch nach der Hochzeit mit Franz, die prunkvoll gefeiert wurde. Mit den Jahren wurden die Gedanken an Karl seltener, nur noch gelegentlich ertappte sie sich bei der Frage, was in jener Nacht geschehen sein mochte, nachdem Karl sie im Café zurückgelassen hatte. Denn bereits am nächsten Tag, viel früher als erwartet, hatte Franz sie im Haus ihrer Eltern in die Arme geschlossen.*

Sieben Jahre später starb Franz in Frankreich, an den Fol-
gen einer Schussverletzung, die sich entzündet hatte. Als Emma
die Papiere ihres Mannes ordnete, fiel ihr ein Brief aus dem
Jahr 1908 in die Hand, in dem Franz' Versetzung nach Müns-
ter befohlen wurde. Das Datum seines Dienstantritts in Münster
lag, sie erinnerte sich genau, drei Tage vor ihrem Treffen mit
Karl.

Erst jetzt fand Emma den Mut, ihre Befürchtungen auszu-
sprechen. Sie erzählte die Geschichte mir, ihrer Schwester, die
ich Karl fast genauso gut kannte wie sie selbst, und wir be-
schlossen, darüber für immer zu schweigen. Denn ohne zu
wissen, wo Karl verscharrt war, hätten wir mit unserer Vermu-
tung das Leid von Karls Familie nur vergrößert. So besaßen sie
immerhin die Hoffnung, dass er noch lebte und eines Tages
zurückkommen werde.

»Damit wäre erwiesen, dass es sich nicht um den Löffel von
Professor Ramstedt handelt«, fasste ich gegenüber der Oberin meine Ermittlungen zusammen. »Sehen Sie das S hier am
Griff. Es stammt von *Steiner's Conditorei*, dem Vorläufer
des *Café Schucan*. Karl Dunkel hat den Löffel als Souvenir
mitgenommen und nicht mehr losgelassen.«

»Was für eine traurige Geschichte«, seufzte die Ordensfrau. »Und die Wahrheit lag die ganze Zeit in unserem Archiv verborgen?«

»Eigentlich hätten Sie mich nicht gebraucht.«

»Sagen Sie das nicht!« Die Oberin lächelte. »Es ist viel
schwerer, die richtigen Fragen zu stellen, als Antworten zu
finden.«

Wilsberg am Hellweg –
Chronik eines annoncierten Todes

Er war ein bisschen dicker geworden und trug die Haare
jetzt länger. Wie das Männer über vierzig häufig tun, um zu
kaschieren, dass das Kopfhaar dünner wird. Ansonsten aber
war er der gute alte Holger Sirius. Ich hatte ihn über zehn
Jahre lang nicht gesehen und nicht ein einziges Mal vermisst.
Er gehörte zu jener Sorte Männer, die abends durch die
Kneipen tigern, sich mit allen gut verstehen, stets den neuesten Klatsch auf Lager haben und ziemlich schnell verschwinden, sobald das Gespräch existenziellere Fragen als
die nach der neuen Freundin einer lokalen Showgröße oder
den Aufstiegschancen von Preußen Münster streift. Ein
Mann, den alle kennen und kaum jemand einen Freund
nennt.

Inzwischen lebte Holger Sirius nicht mehr in Münster,
sondern in Dortmund. Er war Kulturredakteur beim *Tageblatt* und irgendwie in Gefahr. Mehr hatte er mir am Telefon
nicht verraten wollen. Ich sagte ihm, was es kosten würde,
falls ich nach Dortmund käme, um ihm bei seinem Problem
zu helfen. Schließlich war ich Privatdetektiv und verschenk-
te keine Arbeitszeit. Nicht einmal an alte Bekannte.

Holger hatte geschluckt, als er die Summe hörte, und
dann zugestimmt. Offenbar ging es tatsächlich um etwas
Ernstes.

Also war ich in Münster in den Zug gestiegen und hatte
mich vom Dortmunder Hauptbahnhof aus durch die über-
sichtliche Dortmunder Innenstadt bis zum Verlagsgebäude
des *Tageblattes* durchgeschlagen. Und jetzt saßen Holger
und ich in dem kleinen Restaurant gleich nebenan. Die Kö-
chin sei Sizilianerin, hatte mir Holger zugeraunt, und die

Wurstsoße meiner Pasta war scharf genug, ihm in diesem Punkt zu vertrauen.

»Nun«, sagte ich und schob den leeren Teller zur Seite, »wer will dich umbringen?«

Holger riss den Mund so weit auf, dass ich das Zäpfchen in seinem Gaumen sehen konnte. »Wie kommst du darauf?«

»Ganz einfach. Für was anderes würdest du mich nicht bezahlen. Ich weiß doch, wie geizig du bist.«

Bis der Wirt, der einen ganz und gar unsizilianischen Ruhrgebietsakzent pflegte, unser Geschirr abgeräumt hatte, sagte keiner von uns ein Wort.

Dann nickte Holger. »Es stimmt. Ich habe Angst um mein Leben.«

»Jemand bedroht dich?«

»Nein, aber das hier ist gestern im *Tageblatt* erschienen.« Er griff in seine Jackentasche und zog eine zusammengefaltete Zeitungsseite heraus, die er vor mir auf dem Tisch ausbreitete.

Es handelte sich um eine Seite mit Todesanzeigen. Die, auf die es ankam, war nicht schwer zu finden, Holger hatte sie rot umkringelt:

Holger Sirius
*19.3.1959 †25.10.2008

»Du stirbst morgen?« Ich schaute auf. »Ein schlechter Scherz, oder?«

»Würde ich auch gerne glauben.«

»Wer hat die Anzeige aufgegeben?«

»Niemand.«

»Wieso?« Ich runzelte die Stirn. »Muss man nicht eine Sterbeurkunde vorlegen, wenn so etwas in der Zeitung erscheinen soll?«

»Eigentlich schon. In diesem Fall lief das anders.«

»Und das hat keiner bei euch gemerkt?«

Holger wischte ein paar Krümel von der Tischplatte. »Du darfst dir das nicht mehr so vorstellen wie früher, als die Redaktion quasi über der Druckerei saß und es persönliche Kontakte zwischen Redaktion, Anzeigenmenschen und Druckern gab. Wir kommunizieren gar nicht direkt mit unserer Druckerei in Hagen-Bathey. Jeden Abend schicken wir die gelayouteten redaktionellen Seiten der nächsten Ausgabe auf elektronischem Weg zu unserer Verlagsleitstelle, die auch andere Blätter unserer Zeitungsgruppe betreut. Erst dort werden die Anzeigen hinzugefügt. Danach gehen die kompletten Seiten zum Druckzentrum in Hagen. In Hagen schaut sich niemand mehr die Inhalte an, schließlich müssen dort pro Nacht Hunderte von Seiten in Auflagen von mehreren Hunderttausend Stück produziert werden. Die Drucker an den Rotationsmaschinen kontrollieren nur noch die Qualität der Farben. Und irgendwo auf diesem Datenweg ...«, er tippte mit dem Zeigefinger auf die Tischplatte, »... vom *Tageblatt* zur Verlagsleitstelle und weiter nach Hagen hat jemand eine bezahlte Todesanzeige gegen meine ausgetauscht.«

»Mit anderen Worten: ein Insider«, stellte ich fest.

»Richtig.« Holger nickte mit dem ganzen Nachdruck seines Doppelkinns. »Deshalb nehme ich die Sache ernst.«

Ich lehnte mich zurück. »Und wen hast du im Verdacht? Wem hast du die Frau ausgespannt oder das letzte Hemd ausgezogen?«

»Du kennst mich doch, Georg.«

»Eben.«

»Ich habe keine Ahnung.«

»Komm schon!«, drängte ich. »Wie soll ich herausfinden, wer dir ans Leder will, wenn du mir keine Anhaltspunkte lieferst?«

»Ich will ja gar nicht, dass du das herausfindest.«

»Nein?« Ich war ein bisschen enttäuscht.

»Ich möchte, dass du mich morgen beschützt. Den ganzen Tag.«

»Das ist alles? Falls dich jemand umbringen will, kann er es auch übermorgen tun.«

»Das denke ich nicht. Wer sich solche Mühe gibt, meinen Todeszeitpunkt öffentlich anzukündigen, wird es an diesem Tag zumindest versuchen. Und du sollst das verhindern.«

»Na schön.« Ich winkte dem Wirt, weil ich dringend einen Espresso benötigte. »Du kennst ja meinen Tagessatz.«

Natürlich glaubte ich keine Sekunde, dass es einen Anschlag geben würde. Die Sache war ein Witz, ein übler und geschmackloser zwar, aber immer noch ein Witz. Und vermutlich hatte sich Holger die Rache des Witzboldes hart erarbeitet.

Auf der anderen Seite war mein Honorar kein Witz. Deshalb würde ich meinen Job so ernst nehmen, als wäre Holger ein extrem gefährdeter Exilpolitiker aus Moldawien. Der Plan sah vor, dass ich um neun Uhr bei ihm zum Frühstück in seinem Häuschen in Brackel erscheinen sollte. Anschließend würden wir zur Redaktion fahren, zwei Konferenzen und ein paar Termine absolvieren und den Abend bei ihm daheim ausklingen lassen. Es gab schlimmere Methoden, Geld zu verdienen.

Der Plan funktionierte. Genau bis zu dem Moment, in dem ich am nächsten Morgen auf die Türklingel drückte. Damit, dass niemand öffnete, hatte ich nicht gerechnet. Ich zog mein Handy aus der Tasche und wählte die Nummern, die Holger mir gegeben hatte. Seine Konservenstimme erzählte mir, dass ich eine Nachricht hinterlassen dürfe. Ich ging um das Haus herum und kontrollierte die Fenster und Türen. Sie waren verschlossen und unversehrt. Und sein Wagen stand im Carport. Das Ganze gestaltete sich schwieriger, als ich es mir vorgestellt hatte.

Zwei Stunden später saß ich in Holgers Büro in der *Tage-blatt*-Redaktion. In der Zwischenzeit hatte ich das für solche Fälle vorgesehene Privatdetektiv-Standardprogramm abgespult: Ich war durch die Kellertür in Holgers Haus eingebrochen und hatte mich nach Spuren einer Entführung umgesehen – und keine gefunden. Ich hatte in Holgers persönlichen Papieren und Notizbüchern geblättert, um irgendwelche Hinweise auf abgrundtiefe Feindschaften und verletzende Zerwürfnisse zu entdecken – und keine gefunden. Dann hatte ich mir Holgers Wagenschlüssel vom Schlüsselbrett im Flur geschnappt und mir seinen Fiesta ausgeliehen, um mobil zu sein.

Jetzt blieb mir nur noch Holgers Kollegin im Kulturressort, mit der er den Doppelschreibtisch in dem kleinen, ganz in Weiß gehaltenen Raum teilte. Tanja Tromerka war um die dreißig, hatte lange braune Haare und war nervös.

»Keine Ahnung, wo Holger steckt. Wenn er nicht bald auftaucht, komme ich in Teufels Küche. Ich muss seine Termine übernehmen oder an andere verteilen. Und gleich haben wir Konferenz am Newsdesk.«

»Was ist das denn?«

»Das Newsdesk? Der Ort, an dem die Zeitung geplant und gestaltet wird. Auf Monitoren kann man verfolgen, wie die nächste Ausgabe entsteht. So macht man heutzutage Tageszeitungen.« Sie schob den Schreibtischstuhl zurück und erhob sich mit einer zackigen Bewegung. »Sorry, ich muss los.«

»Wissen Sie von der Todesanzeige?«, fragte ich.

»Natürlich. Das war hier gestern Gesprächsthema Nummer eins.«

»Und Sie machen sich keine Sorgen um Holger?«

»Wollen Sie mich veralbern?« Sie wühlte in Ablagekörbchen, die auf einem Sideboard standen. »Wie ich den Angsthasen kenne, ist er untergetaucht.«

Hätte mir Holger nicht bereits einen satten Vorschuss für meine Leibwächtertätigkeit gezahlt, wäre das auch mein erster Gedanke gewesen. So aber schloss ich ein Untertauchen aus.

Tanja Tromerka hatte endlich die richtigen Papiere ausgegraben. »Hier. Fragen Sie doch unsere Kollegin in Hagen!«

Sie warf mir eine *Westfalenpost* zu. »Die Todesanzeigen sind hinten. Sieht so aus, als hätte sie das gleiche Problem wie Holger.«

Mona Thielen
*12.3.1968 †25.10.2008

Die Anzeige war fast identisch mit der von Holger Sirius. Nur der Name und das Geburtsdatum unterschieden sich. Der Todestag jedoch war derselbe: heute.

Ich nahm die B 54 und brauchte nur eine knappe halbe Stunde bis zur Hagener Innenstadt.

Das Verlagsgebäude der *Westfalenpost* in der Schürmannstraße versprühte einen ähnlichen architektonischen Charme wie das des *Tageblatts* – nur gab es hier erheblich mehr Büsten und Ölgemälde von ehemaligen Verlegern und Verlegerwitwen auf den Fluren.

Mona Thielen war auf dem Weg zum Raucherraum, als ich sie traf.

»Falls Sie mit mir reden wollen, müssen Sie mitkommen.«

Ich folgte ihr in ein Verlies, das auch zum Schlachten von größeren Haustieren oder als Ausnüchterungszelle hätte dienen können.

»War früher das Fotolabor«, sagte Mona Thielen mit dem Timbre von mindestens vierzig Zigaretten pro Tag, »als die Kameras noch Filme hatten und man die Fotos entwickeln musste. Heute ist es ein Sozialraum.«

»Ohne Fenster wirkt's gleich viel gemütlicher. Auch die Kacheln und Steinbecken haben was.«

Die Kulturredakteurin steckte sich eine Zigarette an und ließ den Rauch durch die Nase entweichen. »Wenn ich es gemütlich haben will, mache ich die Augen zu und träume von einem Palmenstrand. Was wollen Sie eigentlich?«

Ich zeigte ihr die Zeitung mit ihrer Todesanzeige.

»Ach.« Sie kicherte, was in einem Hustenanfall endete. »Hat Holgi Sie engagiert?«

»Holgi? Kennen Sie sich näher?«

»Man sieht sich manchmal bei Pressekonferenzen. Mehr ist da nicht.« Ihre Augen blinzelten den Rauch weg. »Und? Schon was rausgefunden?«

»Nein. Aber Holger ist verschwunden.«

»Was heißt das?«

»Verschwunden wie weg, fort, abwesend. Und er geht auch nicht ans Telefon.«

Thielen wedelte mit der Zigarette. »Dumm gelaufen, würde ich sagen.«

»Mehr fällt Ihnen dazu nicht ein?«

»Hören Sie, Herr Wilsberg, ich habe nicht vor, mich von dem Mist beeindrucken zu lassen.« Eine neue Zigarette glühte am Ende der ersten auf. »Den Gefallen tue ich diesem Spinner nicht.«

»Vielleicht ist es nicht bloß ein Spinner. Vielleicht will sich jemand an Ihnen beiden rächen. Aus Eifersucht zum Beispiel.«

»Eifersucht!« Ein weiterer Hustenanfall. »So was gibt's doch nur in schlechten Krimis. Bei Holgi und mir ist die Erotik im Gefrierfach, ehrlich.«

Die Tür öffnete sich und ein Frauenkopf wurde hinter den Rauchschwaden sichtbar. »Mona? Der Chef will mit dir reden. Und mit Herrn Wilsberg auch.«

Frodo Knapp hatte einen festen Händedruck und sah aus wie ein Journalist der alten Schule. Wahrscheinlich hätte er eine Menge Geschichten über den harten Kampf an der Nachrichtenfront erzählen können, aus Zeiten, in denen recherchieren weitaus komplizierter war, als bei Google oder Wikipedia den richtigen Begriff einzugeben. Im Moment war ihm jedoch nicht nach Plaudern zumute. »Ich habe mit meiner Kollegin beim *Tageblatt* gesprochen«, eröffnete er uns, nachdem wir am Konferenztisch in seinem Büro Platz genommen hatten. »Wir möchten, dass Herr Wilsberg die Angelegenheit aufklärt, bevor die Geschichte publik wird oder wir die Polizei einschalten müssen.«

Thielen öffnete den Mund. »Aber …«

»Kein Aber, Mona. Du wirst Herrn Wilsberg unterstützen. Haben Sie schon eine Idee?« Das Letzte galt mir.

»Zwei mögliche Motive, die Frau Thielen und Holger Sirius gemeinsam betreffen könnten«, fasste ich mich ebenso kurz, »ein persönliches und ein berufliches. Da Frau Thielen ausschließt, näher mit Herrn Sirius befreundet zu sein …«

»Das ist die Wahrheit«, knurrte Thielen.

»… bleibt noch das berufliche. Beide sind Kulturredakteure. Denkbar, dass irgendein Künstler glaubt, ihnen etwas heimzahlen zu müssen.«

»Wie absurd ist das denn?«, protestierte die Redakteurin. »Dann müsste ja jeder Kritiker unter Polizeischutz gestellt werden.«

»Morde werden manchmal wegen Lappalien begangen«, widersprach ich. »Und Morddrohungen gehören in gewissen Kreisen zum normalen Umgangston.«

»Wilsberg hat recht«, mischte sich Knapp ein. »Vergiss nicht, Mona, dass es der Täter auf euch beide abgesehen hat.«

Thielen lehnte sich zurück und schloss die Augen. »Und was sollen wir tun?«

»Alle negativen Kritiken der letzten Monate durchgehen und die herausfiltern, bei denen Sie und Holger Sirius einer Meinung waren«, schlug ich vor.

Da wir nationale Berühmtheiten von vornherein ausschlossen, lernte ich in den nächsten Stunden eine Menge über die kulturellen Niederungen im Grenzgebiet zwischen Dortmund und Hagen. Freie Theatergruppen, die sich mit minimaler Begabung durchschlugen; Musiker, die bei Castingshows schon in der Vorentscheidung gescheitert wären; Schriftsteller, die ihre Werke selbst verlegten und trotzdem nicht zögerten, für die Premierenlesung die örtliche Mehrzweckhalle anzumieten. Ein kleines Horrorkabinett narzisstischer, talentfreier Selbstdarsteller.

Zum Glück hielt sich die Schnittmenge vernichtender Urteile, bei der Thielen und Sirius übereinstimmten, in engen Grenzen.

»Der hier tut mir inzwischen ein bisschen leid«, sagte Thielen und tippte auf das Foto eines Mannes, der uns durch eine dunkle Hornbrille melancholisch anblickte. »Den haben wir hauptsächlich deswegen fertiggemacht, weil er uns vor Erscheinen seines Buches wochenlang mit E-Mails und SMS genervt hat.«

»Was hat er denn verbrochen?«, fragte ich.

»Einen Lokalkrimi, der am Hengsteysee spielt. Eigentlich ist der Roman gar nicht so schlecht. Das habe ich ihm auch gesagt, als ich ihn mal getroffen habe.«

»Okay, dann fange ich mit ihm an.«

»Der war es bestimmt nicht.« Den Ton kannte ich von Mona Thielen noch gar nicht. Er klang nach mütterlichem Beschützerinstinkt.

»Mit irgendjemandem muss ich ja anfangen.«

Thielen verzog den Mund. »Ich könnte ...«

»Bemühen Sie sich nicht!«, sagte ich. »Ich mache das allein.«

Der Schriftsteller hieß Rainer Weppermann und wohnte – wie nicht anders zu erwarten – am Hengsteysee. Genauer gesagt, auf der Herdecker Seite des Sees.

Dummerweise war er bei der Arbeit. Allerdings nicht am Schreibtisch, wie man bei einem Schriftsteller erwarten durfte.

»Er hat das Schreiben aufgegeben«, sagte seine Frau und ich ahnte, welche Dramen sich in der kleinen Wohnung abgespielt hatten. »Nachdem ihn diese Schlampe vernichtet hat.«

»Reden Sie von Mona Thielen?«

»Ein Schriftsteller hat doch auch Empfindungen. Dem darf man nicht einfach auf der Seele rumtrampeln.«

»Nun …«

»Was wollen Sie von Rainer?« Die Haltung der Schriftstellergattin wurde zunehmend aggressiver. Vermutlich bereute sie schon, dass sie mich in ihre Wohnung gelassen hatte.

»Nur mit ihm reden.«

»Er hat Nachtschicht. Danach schläft er.«

»Und wo arbeitet er?«

»Im DVZ.«

»Das heißt?«

»Das Druck- und Verlagszentrum in Hagen-Bathey.«

Das kam mir irgendwie bekannt vor.

Der Pförtner ließ mich erst auf das Gelände, nachdem ihm Frodo Knapp telefonisch versichert hatte, dass ich einer der Guten sei. Ich stellte Holgers Fiesta auf dem Parkplatz ab und nahm den Hintereingang über die Verladerampen. Rainer Weppermann arbeitete als Rolleur an einer der Druckmaschinen, hatte mir seine Frau noch erzählt. Vielleicht gelang es mir ja, ihn kalt zu erwischen.

Durch eine Halle, in der endlose Kettenachterbahnen mit und ohne zusammengefalteten Zeitungen über den Köpfen der Beschäftigten ratterten, kam ich in ein riesiges Papierlager mit Rollen von bestimmt zwei Metern Durchmesser, die bis an die Decke gestapelt waren. Und dann stand ich in einer Kathedrale des Maschinenzeitalters. *Druckmaschine* war ein viel zu niedlicher Begriff für die Ungetüme, die sich da vor mir über zehn Meter in die Höhe reckten, auf verschiedenen, durch Metalltreppen verbundenen Ebenen über unzählige Walzen und Farbcontainer verfügten und oben durch eine Art Galerie abgeschlossen wurden. Ich zählte neun dieser Giganten, von denen die meisten in Betrieb waren und einen Höllenlärm verursachten. Und das alles nahezu automatisch, denn die einzigen Menschen, die ich in der Halle entdeckte, waren Arbeiter, die die gefräßigen Monster mit frischen Papierrollen fütterten. Rolleure, wie ich annahm. Der Job, den auch Weppermann erledigte.

Es dauerte eine Weile, bis ich mich zu Weppermanns Arbeitsplatz durchgefragt hatte. Sein Kollege war nicht gut auf ihn zu sprechen: »Der ist seit einer Viertelstunde im Papierkeller. Bestellen Sie ihm einen schönen Gruß, wenn Sie ihn finden. Wir brauchen hier dringend neue Rollen.«

Im Papierlager hatte ich Weppermann nicht gesehen. Als ich mich jetzt erneut dort umblickte, fiel mir ein herrenloser Gabelstapler auf, dessen Vorderteil von Papierrollen verdeckt wurde.

Ich ging näher heran. Unter einer Papierrolle, ein paar Meter vom Gabelstapler entfernt, lag ein Mann. Er war zweifellos tot, die Rolle musste über eine Tonne wiegen. Sie hatte ihn regelrecht zerquetscht. Ich betrachtete das Gesicht des Mannes. Die Hornbrille und das gegelte schwarze Haar ließen keinen anderen Schluss zu: Es handelte sich um Rainer Weppermann.

Hinter mir hörte ich ein Geräusch. Ich fuhr herum. Mona Thielen riss Augen und Mund auf.

»O mein Gott!« Sie stürzte zu der Rolle und versuchte vergeblich, die Masse zu bewegen.

»Das hat keinen Sinn«, sagte ich.

Thielen ließ von dem Papier ab und ging neben dem Kopf des Exschriftstellers in die Knie. »Rainer! Nein!« Sie streichelte die Wange des Toten.

Rainer?

»Was machen Sie hier?«, fragte ich.

»Sie haben mich doch herbestellt.« Die Redakteurin schniefte.

»Ich?«

»Die Tussi, die für Sie arbeitet. Die hat mir am Telefon gesagt, ich soll Sie hier treffen.«

Ich zog Mona Thielen hoch. »Es gibt keine Tussi, die für mich arbeitet. Und jetzt erzählen Sie mir, welche Beziehung Sie zu Rainer Weppermann hatten. Die Wahrheit, bitte!«

»Er tat mir leid.« Sie wischte mit dem Zeigefinger die verlaufene Wimperntusche von der Wange. »Er hatte so einen traurigen Blick. Ich wollte es wiedergutmachen und da ...«

»... haben Sie ihn getröstet. Mit ganzem Körpereinsatz.«

»Ja.«

»Wusste seine Frau davon?«

»Keine Ahnung.«

Ein zweiter Gabelstapler brummte hinter dem Papierturm, neben dem wir standen. Ich blickte nach oben. Die Zangen des Fahrzeugs hatten die oberste der sechs Rollen erfasst. Aber sie zogen das Papier nicht nach hinten, sondern schoben es nach vorn, über unsere Köpfe.

»Weg hier!« Ich packte Mona Thielen und machte mit ihr einen Sprung zur Seite. Keine Sekunde später knallte die Rolle neben uns auf den Boden.

»Offensichtlich wusste sie wohl doch davon«, sagte ich, während ich mich aufrappelte und ein paar Haare der Redakteurin aus meinem Gesicht entfernte.

»Kann schon sein«, gab Thielen kleinlaut zu. »Wepper-manns Frau arbeitet nämlich auch hier. Sie hat Rainer die Stelle besorgt.«

Der Gabelstapler, der noch immer durch den Papierstapel verdeckt war, machte sich jetzt an der untersten Rolle zu schaffen. Der komplette Turm geriet ins Wanken.

»Deshalb sollten wir schleunigst verschwinden.« Ich packte Thielens Arm.

Wir rannten in Richtung Druckhalle. Plötzlich näherte sich von der Seite ein unbemanntes, mit zwei großen Metall-schienen bestücktes Elektrofahrzeug, das direkt auf uns zusteuerte.

»Stehen bleiben!«, befahl Thielen mir. »Heinz und Dieter erkennen Hindernisse und stoppen rechtzeitig.«

»Heinz und Dieter?«

»Es gibt zwei davon. Sie sind nach dem Mann benannt, der …«

Heinz oder Dieter machte keine Anstalten, seine Fahrt zu verlangsamen.

Ich schubste die Redakteurin zum Treppenaufgang der nächstgelegenen Rotationsmaschine und hievte mich selbst auf den ersten Treppenabsatz. Der Elektrowagen rammte den Turm mit einer Wucht, die die gesamte Konstruktion erschütterte. Im Inneren des Giganten kreischte und schep-perte es.

»Ich versteh das nicht«, sagte Thielen fassungslos. Sie war blasser als das Zeitungspapier, das hinter uns über die Druckwalzen raste.

»Ich schon«, gab ich grimmig zurück. »Jemand hat die men-schenfreundliche Programmierung von Heinz oder Dieter ausgeschaltet. Dieselbe Person, die Ihren Freund Rainer umgebracht hat und die es jetzt auf uns abgesehen hat.«

»Und was schlagen Sie vor?« Die Redakteurin kaute auf ihrer Unterlippe.

»Erst mal nach oben. Da sind wir relativ sicher. Und dann rufen wir die Polizei.«

Wir stiegen über die Metalltreppen zur Galerie hinauf. Unterwegs begegneten wir einem Drucker, der gerade Druckplatten an einer Walze austauschte und uns einen irritierten Blick zuwarf. Dann waren wir wieder allein.

Ich hatte Thielen den Vortritt gelassen und so war sie die Erste, die die oberste Plattform der Druckmaschinen erreichte. Das heißt, sie erreichte sie nur beinahe. Kaum ragte ihr Kopf über den Rand der Metalldecke, hörte ich einen überraschten Aufschrei, unmittelbar gefolgt von einem zuerst pfeifenden, dann brachial klatschenden Geräusch. Wie von einem Schlag. Thielens Beine wurden schlaff und rutschten von den Treppenstufen. Doch bevor ich sie auffangen konnte, zog jemand den Körper der Redakteurin nach oben. Anscheinend war es doch keine so gute Idee gewesen, auf die Galerie zu flüchten.

Thielen im Stich zu lassen, kam nicht infrage. Ich musste es riskieren. Auf einem Fuß und ganz an der linken Seite der Treppe, um so wenig Angriffsfläche wie möglich zu bieten, zog ich mich hoch und lugte über den Rand. Mona Thielen lag stöhnend auf der staubigen Metallfläche. Und über mir lauerte – Tanja Tromerka. In den Händen hielt die *Tageblatt*-Redakteurin einen Satz Druckplatten, den sie drohend über dem Kopf schwang.

Blitzschnell rollte ich mich auf die Plattform. Tromerka traf mich trotzdem – allerdings nicht am Kopf, sondern irgendwo am Rücken. Ich umklammerte ihre Beine und brachte sie zu Fall. Damit war der Kampf jedoch noch nicht entschieden. Gehandicapt durch die Schmerzen, die mich nahezu lähmten, und überrascht von der Kraft, die ich der Journalistin nicht zugetraut hätte, rollten wir uns schlagend, kratzend und beißend über den Boden. Einmal hatte ich für einen kurzen Moment sogar einen freien Blick in die Tiefe.

Das gab mir den letzten Kick, Tromerka unter Kontrolle zu bringen.

Sie fauchte und spuckte, als ich auf ihren Armen hockte.

»Was soll das?«, schrie ich sie an. »Warum?«

»Er war so ein Schwein«, heulte sie.

»Wer? Rainer Weppermann?«

Tromerka drehte den Kopf zur Seite.

»Hat er bei Ihnen auch die Schriftsteller-können-so-traurig-gucken-Masche abgezogen?«

Sie schnaufte.

»Doch dann haben Sie gemerkt, dass Sie nicht die Einzige waren.«

»Gehen Sie von mir runter!«, brüllte sie mich an.

»Deshalb musste er sterben«, redete ich weiter. »Und Ihre Kollegin von der *Westfalenpost* sollte gleich mit dran glauben. Aber was hat Holger Sirius damit zu tun? Wieso er? Und wo steckt er?«

»Ich war also nie in Gefahr?« Holger Sirius hob sein Pilsglas. Es war bereits sein viertes und zu dem Honigkuchenpferd-grinsen auf seinem Gesicht gesellten sich zwei dunkelrote Flecken.

»Deine Todesanzeige hat Tanja Tromerka nur platziert, damit der Verdacht nicht gleich auf sie fällt«, sagte ich. »Bei ihrem ursprünglichen Plan sollte es nämlich so aussehen, als hätte Rainer Weppermann Mona Thielen umgebracht, um sich dann anschließend selbst unter eine Papierrolle zu legen. Da wusste Tromerka allerdings noch nicht, dass ich auch in der Halle sein würde. Und in der Hitze ihres Rache-feldzuges hat sie ein wenig den Überblick verloren.«

»Wahnsinn!«, sagte Holger und wischte sich mit dem Handrücken über den Mund.

Wir saßen in einer Kneipe in der Dortmunder Innenstadt. Gleich nachdem die Meldung von Tromerkas Verhaftung in den Radionachrichten gelaufen war, hatte mich Holger angerufen. Inzwischen wusste ich, dass er den Tag im Schrebergartenhäuschen seines Onkels verbracht hatte, um in aller Ruhe die Entwicklung abzuwarten.

»Etwas kapiere ich immer noch nicht …«

»Was denn?«, fragte Holger und zeigte der Kellnerin sein leeres Glas.

»Wieso engagierst du mich als Leibwächter, wenn du sowieso abtauchen wolltest?«

»Ich habe auf dein schlechtes Gewissen gebaut. Mir war ja klar, dass du die Sache am Anfang nicht ernst nehmen würdest. Ich dachte, wenn ich verschwunden bin, gibst du dir richtig Mühe, die Geschichte aufzuklären. Und weißt du was?« Er strahlte mich an. »Es hat super funktioniert.«

Mir wurde wieder bewusst, warum ich Holger eigentlich nicht leiden konnte. Und dass sich meine Rechnung für ihn gerade um einen ansehnlichen Posten erhöht hatte: die Verarschungspauschale.

»Nicht ganz«, widersprach ich. »Tanja Tromerka hat dir gestern eine Giftkapsel in den Kaffee getan. Das Zeug wirkt erst nach sechsunddreißig Stunden, also in ungefähr dreißig Minuten.«

Holger war schlagartig ernüchtert. »Ist nicht wahr?«

Zur Abwechslung grinste diesmal ich. »Tja, Holger, war nett, mit dir zu plaudern. Aber jetzt muss ich zurück nach Münster.«

»Mein Name ist Li, Schmutzli.«

Ich kannte die Landschaft, ich hatte sie selbst gebaut. Diese grünen Hänge mit den vereinzelten, dekorativ herumstehenden Bäumen, darüber graue Spitzen mit zuckerpudrigem Überguss. Weiter unten im Tal braune Holzhäuschen mit langen Balkonen und Blumenornamenten. Und dazwischen eine Eisenbahn, die sich auf ihrer eingleisigen Strecke um die Hügel, über Brücken und durch Tunnel schlängelt und an jeder Milchkanne anhält.

Nun gut, meine Märklin-Eisenbahn brauchte nur rund zwanzig Sekunden, um die Landschaft zu umkreisen, und ich fuhr jetzt schon seit mehr als einer Stunde in ihr herum, aber sehr viel einfallsreicher als das, was ich in meinen Kindertagen zusammengeklebt und -geschraubt hatte, war die Schweiz nun auch wieder nicht. Zumindest das, was mir zwischen Spiez, Zweisimmen und Gstaad geboten wurde, wenn ich aus dem Fenster des Panoramazugs schaute. Mal abgesehen von den Schneekanonen, die unsinnigerweise grüne Wiesen bestäubten. Oder dem kryptischen Angebot eines Bahnhofsrestaurants, das auf einer Schiefertafel *Fünf gluschtige Röstis und ein feines Poulet-Karussell* annoncierte. Was, um Himmels Willen, war ein Poulet-Karussell? Ein Hühnchen, das auf einem putzigen Wagen im Kreis fuhr? Wieso sollte es davon knusprig und lecker werden?

Bevor ich länger darüber nachdenken konnte, war ich auch schon am Ziel. In Gstaad-Schönried stieg ich aus, gleich um die Ecke befand sich das Hotel. Fünf Sterne. Privat hätte ich mir höchstens zweieinhalb leisten können, doch ich musste ja nicht selbst zahlen. Frau Zabern kam für meine Kosten auf. Sie hatte mir den klassischsten aller klassischen Privatdetektivaufträge erteilt: »Ich möchte, dass Sie meinen Mann beschatten, Herr Wilsberg«, hatte sie gesagt. »Ich glaube, er trifft sich in Gstaad mit einer Freundin.«

Frau Zabern war um die fünfzig und hatte – soweit ich das beurteilen konnte – schon ein paar chirurgische Kunstgriffe gegen den natürlichen Alterungsprozess vornehmen lassen. Vor ihr hatte es bereits zwei andere Frau Zabern gegeben, von daher sprach eine gewisse Wahrscheinlichkeit dafür, dass es in Zukunft noch eine vierte Trägerin dieses Namens geben könnte. Und da Herr Zabern während der letzten Wirtschaftskrise eine Milliarde seines vormals drei Milliarden Euro umfassenden Vermögens verloren hatte, war Vorsicht geboten. Jedenfalls für Frau Zabern Nummer drei.

»Warum fahren Sie nicht selbst hin und überraschen ihn?«, fragte ich.

»Ach, Herr Wilsberg!« Nicht eine Strähne ihrer in Stahl gegossenen Frisur verlor auch nur für eine Sekunde den Halt, während sie den Kopf schüttelte. »Sie kennen sich nicht aus mit Fünf-Sterne-Hotels, oder?«

»Nein«, gab ich zu.

»Sehen Sie, die Mitarbeiter der Rezeption sind für solche Fälle geschult, halten mich mit irgendwelchen fadenscheinigen Ausreden hin, während hinter den Kulissen in Windeseile die Sachen meines Mannes in ein anderes Zimmer geräumt werden. Und nicht etwa ordentlich. Nein, man legt seine benutzten Unterhosen zwischen die Oberhemden, wie er es auch tut, feuchtet im Badezimmer die Seife an, verstreut ein paar Bartstoppeln im Waschbecken und zerknüllt das Fernsehprogramm. Damit das Zimmer richtig benutzt aussieht. Und wenn ich dann doch ein langes schwarzes Haar auf dem Kopfkissen finde, redet er sich damit heraus, dass es das Zimmermädchen verloren haben müsse.«

Das leuchtete mir ein. Ohnehin war mein Einwand nicht wirklich ernst gemeint gewesen. Ich hatte überhaupt nichts dagegen, Herrn Zabern in einem Luxushotel zu beschatten.

In meinem langen Privatdetektivdasein hatte ich schon weitaus unangenehmere Aufträge erfüllt.

Nachdem ich im Hotel eingecheckt hatte, legte ich mich im Solebad auf die Lauer. Später wechselte ich in den Sauna-Park, doch auch nach drei Durchgängen finnischer Sauna und Erlebnisdampfbad entdeckte ich keine Spur von Herrn Zabern und seiner Freundin.

Dafür im Hotelrestaurant beim Abendessen. Sie war in den Dreißigern und damit knapp vierzig Jahre jünger als ihr Liebhaber. Vermutlich bewunderte sie an ihm den hageren, nicht allzu groß gewachsenen Körper und die silbrig grauen, zu einer Dirigententolle gekämmten Haare über der hervorspringenden Hakennase. Womöglich aber noch ein bisschen mehr die übrig gebliebenen zwei Milliarden Euro auf seinem Konto.

Sie hielten Händchen und lachten wie verliebte Teenies. Die Kalbsmilken mit dem glacierten Gemüse schmeckten plötzlich fade, als ich mir vorstellte, wie ich wohl in seinem Alter leben würde – ohne die Erotik des Geldes und wahrscheinlich nur halb so gesund wie der rüstige Milliardär.

Außerdem war ich enttäuscht. So einfach hatte ich mir den Job nicht vorgestellt. Ich beschloss, Frau Zabern Nummer drei vorläufig noch nicht von meinem Erfolg in Kenntnis zu setzen. Zumindest ein paar Tage Observation in der klaren Schweizer Bergluft und Hintergrundrecherchen mit Dreiviertelpension im Hotel wollte ich mir gönnen.

Am nächsten Morgen unternahmen Herr Zabern und seine Begleiterin eine Wanderung. Es ging talabwärts, an dem Bach neben dem Hotel entlang in Richtung Gstaad. In der Nacht hatte es ein wenig geschneit, nicht viel, zwischen den Dekobäumen lagen ein paar weiße Flecken, aber an schattigen Stellen war der Boden noch gefroren. Dummerweise hatte ich keine Wanderschuhe auf Spesenrechnung gekauft, daher rutschte ich in eleganten Halbschuhen meinen Zielpersonen hinterher und legte mich, als wir eine taufrische Wiese überquerten, gleich ganz ins feuchte Gras. Der alte Galan und die unbekannte Frau an seiner Seite waren allerdings derart mit sich und ihren Hormonen beschäftigt, dass sie nicht einmal ein Rudel zähnefletschender Wölfe bemerkt hätten.

Irgendwann stießen wir wieder auf die Segnungen der Zivilisation in Form einer asphaltierten Straße. Ungefähr zu diesem Zeitpunkt fiel mir auf, dass wir nicht allein waren. Womit ich nicht meine, dass die Schweizer Berge so einsam sind, dass man nie einem Menschen begegnet. Nein, wir waren schon an mehreren kleinen Bauernhäusern vorbeigekommen, neben denen knorrige Typen mit grob karierten Flanellhemden, lustigen Hüten und buschigen Schnurrbärten werkelten und »Grüß Gott!« sagten. Ebenso hatten zwei ältere Damen, die mithilfe von Nordic-Walking-Stöcken schneidig den Berg hinaufschritten, meine Outdoorkleidung mit abfälligem Blick betrachtet. Doch der Mann, der sich parallel zum Liebespaar bewegte und ab und zu so tat, als würde er die Berge hinter ihren Köpfen fotografieren, gehörte womöglich nicht in die Kategorie Zufall. Ein Kollege? War Zaberns Freundin verheiratet und ihr Ehemann auf den gleichen Gedanken gekommen wie Frau Zabern? Ein Paparazzo? Dafür war der Milliardär nicht prominent genug. Oder gar ein Erpresser, der mit der langbeinigen Turteltaube zusammenarbeitete? Hofften sie, Zabern mit kompromittierenden Fotos ein wenig ärmer zu machen? Ich nahm mir vor, bei nächster Gelegenheit die Identität der dunkelhaarigen Schönheit herauszufinden.

Drei Straßenbiegungen weiter vergaß ich vorübergehend den Fotografen, denn da lungerten zehn seiner Berufskollegen sowie zwei Kamerateams vor einem Holzchalet herum. Das Chalet lag an einem Hang oberhalb von Gstaad und wären die Fensterläden nicht geschlossen gewesen, hätte man von dort aus einen grandiosen Blick über das gesamte Tal gehabt. Vermutlich warteten die Fotografen darauf, dass ein Blitz einschlug oder jemand vor die Tür trat. Ich erlebte nichts von beidem, denn das Liebespaar ließ sich von dem Trubel nicht beeindrucken und strebte zielsicher den Juweliergeschäften in der Gstaader City entgegen. Nicht zum Schaden der Edelsteinkonjunktur. Nach dem dritten Laden strahlte das makellose Gesicht der Frau mit etwas Glitzerndem an ihrem Hals um die Wette. Da war ich übrigens schon ein wenig schlauer. Während des Herumstehens auf der Straße hatte ich auf einer Stellwand vor einem Kiosk gelesen, welche Schlagzeilen an diesem Tag angesagt waren. Fast alle drehten sich um einen berühmten europäischen Regisseur, der in die USA ausgeliefert werden sollte, sein Gstaader Chalet und die elektronischen Fußfesseln, die er darin tragen musste.

Am Nachmittag – wir waren mit dem Panoramazug nach Schönried zurückgefahren und das Paar hatte sich in den Wellnessbereich begeben – stieg ich in Zaberns Suite ein. Ich fand einen Namen, der zu der Frau passte, und nach einer nicht allzu gründlichen Recherche im Internet konnte ich ihn mit einem kompletten Lebenslauf ergänzen. Sie hieß Veronika Kinshofer, war Schauspielerin und hatte in einigen prämierten europäischen Filmen mitgespielt. Dass ich sie nicht erkannt hatte, lag einfach daran, dass ich nie ins Kino ging. Auf einer Fanseite stand, dass sie seit der Trennung von ihrem ersten Mann allein mit ihren zwei Hunden und vier Katzen in einem Haus am Starnberger See lebte. Auch das Internet war nicht immer auf dem Laufenden. Doch vermutlich würde die Welt bald von Veronikas neuer Liebe erfahren. Inzwischen war ich nämlich ziemlich sicher, dass der fotografierende Wegelagerer, den ich in Gstaad aus den Augen verloren hatte, sich nicht für Zabern, sondern für die Kinshofer interessierte.

Kaum hatte sich dieser Gedanke in meinem Gehirn ver-
festigt, klingelte mein Handy. Die aktuelle Frau Zabern –
wer sonst. Was blieb mir anderes übrig, als ihr die Wahrheit
zu sagen? Nachdem ich meinen Bericht beendet hatte, hörte
ich nur noch ein Klicken in der Leitung. Offenbar hatte es
ihr die Sprache verschlagen. Was ich verstehen konnte. Andererseits, so überlegte ich, hatte sie auch nicht verlangt,
dass ich die Beschattung abbrechen sollte. Was hinderte
mich also daran, noch ein paar Tage dranzuhängen?

Am Abend machten wir eine Fackelwanderung. Das
heißt, Zabern, die Kinshofer, der Hoteldirektor, zehn weitere Hotelgäste und ich wanderten mit brennenden Fackeln
durch die von Straßenlaternen gut beleuchteten Straßen
Schönrieds.

Zum Glück gab es keine Einheimischen, die sich über uns
lustig machen konnten. Zum Schluss verließen wir dann
doch noch die Straße und gruppierten uns auf einer von
Tannen umstandenen Lichtung um einen Kanister mit
Glühwein. Nach dem zweiten oder dritten Becher Glühwein – die Fackeln hatten wir inzwischen in die Erde ge-
rammt – tauchte ein junger Mann auf.

»Mein Name ist Li, Schmutzli«, sagte der junge Mann,
worauf der Schweizer Teil der Fackelwanderer lachte.

Schmutzli sei der Schweizer Name für Knecht Ruprecht,
raunte mir ein Mann zu, der sich zuvor als Krimiautor geou-
tet hatte. Ich sagte ihm natürlich nicht, wer ich war, nachher
würde er mich noch in einem seiner Kriminalromane ver-
wursten.

Und dann ging alles ganz schnell. Schmutzli tanzte herum, trat, trotz des heftigen Protestes des Direktors, eine
Fackel nach der anderen aus. Auf der Straße, nicht weit von
unserem Platz entfernt, stoppte ein Wagen, Türen wurden
geschlagen, mehrere Menschen trampelten über den Waldboden auf uns zu. Dann schrien alle durcheinander, darunter

auch die Kinshofer, wie ich zu hören glaubte. Kurz darauf rauschte der Wagen auf der Straße davon.

Als der Direktor mit zittrigen Fingern die Fackeln wieder entzündet hatte, stellte sich heraus, dass alle Anwesenden mit dem Schrecken davongekommen waren. Allerdings hatte sich unsere Zahl um drei reduziert. Es fehlten: Zabern, die Kinshofer und der Schmutzli.

Ich wartete nicht ab, bis die Polizei erschien, sondern ging auf schnellstem Weg zum Hotel zurück. Irgendwie war mir der Schmutzli bekannt vorgekommen, und als ich noch einmal alle Seiten aufrief, die ich mir am Nachmittag im Internet angesehen hatte, schaute er mich aus einem Szenenfoto an. Der Schmutzli war Schauspieler, wie die Kinshofer, in ihrem letzten Film hatten sie sogar gemeinsam vor der Kamera gestanden. Und noch etwas fiel mir auf, was ich am Nachmittag übersehen hatte. Jetzt begriff ich die Zusammenhänge.

Trotz des einsetzenden Schnees verließ ich das Hotel. Ich schlitterte und rutschte die Straße nach Gstaad hinunter, mit durchnässten Schuhen und eiskalten Füßen erreichte ich das Chalet des berühmten Regisseurs. Die Fotografen und Kamerateams hatten sich in ihre Hotelbars verzogen, leise rieselnd hüllte der Schnee die Landschaft in eine weiße Märchendecke. Selbst die Reifenspuren, die zu der Garage unterhalb des Chalets führten, waren kaum noch zu erkennen.

Ich musste nicht lange warten, bis sich die Garagentür öffnete. Eine schwarze Limousine rollte heraus. Von den Schneemassen gebremst, fuhr der Wagen so langsam, dass ich einen Blick auf die Rückbank werfen konnte. Neben der Kinshofer saß ein Mann, der große Ähnlichkeit mit Zabern hatte. Auch seine Kleidung entsprach exakt der, die der Milliardär zuletzt getragen hatte.

Frau Zabern Nummer drei traf am nächsten Tag in Schönried ein. Sie hatte genügend Winterausrüstung dabei, um drei Wochen ohne Erfrierungen an der Eigernordwand zu überstehen. Inzwischen hatte ich mir ebenfalls Wanderschuhe gegönnt. Viel zu spät, wie ich an den Hitzeschüben und Fröstelattacken merkte, mit denen sich eine Erkältung ankündigte.

Während wir gemächlich zum Chalet des Regisseurs wanderten, brachte ich Frau Zabern auf den Stand meiner Erkenntnisse.

»Sie meinen also«, sagte sie, und ihre Augen unter der großen, verspiegelten Sonnenbrille ruhten auf dem nun wieder von Fotografen belagerten Chalet, »mein Mann sitzt da drin?«

»Ja«, bestätigte ich. »Die Kinshofer war nie an Ihrem Mann interessiert, ich meine, an seiner ... äh ... Ausstrahlung. Sie und der andere Schauspieler, der sich Schmutzli nannte, arbeiten seit langer Zeit mit dem Regisseur zusammen. Sie haben jemanden gesucht, der große Ähnlichkeit mit ihrem Herrn und Meister hat. Und da kam Ihr Mann ins Spiel. Als Schauspielerin fiel es der Kinshofer natürlich nicht schwer, ihn anzubaggern und Gefühle zu heucheln. Auch der Fotograf, den ich gesehen habe, gehört vermutlich zu der Crew. Er hat Fotos gemacht, damit man die Kleidung besorgen konnte, die Ihr Mann normalerweise trägt.«

Auf Frau Zaberns Gesicht zeigte sich eine Regung. Wäre ihre Gesichtshaut nicht so stark gestrafft gewesen, hätte man sie vielleicht als Lächeln deuten können.

»Mittlerweile ist der Regisseur längst in einem anderen Land«, fuhr ich fort. »Einem Land, das kein Auslieferungsabkommen mit den USA hat. Falls er jedoch Aufsehen und diplomatische Konflikte vermeiden will, wird er eine Zeit lang an seiner Tarnung festhalten. Nur ein DNA-Test und Ihre Aussage, Frau Zabern, können dem Mann, der sich dort im Chalet aufhält, zur Freiheit verhelfen.«

»Ach, wissen Sie«, sagte Frau Zabern, und wieder regte sich etwas in ihrem Gesicht, »damit möchte ich noch eine Weile warten. Es reicht doch, wenn ich mich melde, sobald er einen Teil seiner Strafe in den USA abgesessen hat.«

Wilsberg – Eine Weihnachtsgeschichte

Um es gleich zu sagen: Ich mochte Weihnachten nicht. Elfeinhalb Monate im Jahr war ich glücklich mit meinem Schicksal, nur eben nicht zu dieser – Unzeit.

Obwohl ich mich ein ums andere Mal dagegen sträubte, so etwas wie weihnachtliche Gefühle zu entwickeln. Mir jeden Herbst vornahm, von Mitte Dezember bis Anfang Januar eine Pauschalreise in eine Weltgegend zu buchen, wo es weder Weihnachtsbäume noch Supermärkte mit Weihnachtsliederdauerberieselung gab. Was ich genauso regelmäßig wieder verwarf, weil ich mir vorstellte, wie ich mit anderen Weihnachtsflüchtlingen an einem sandigen Strand oder zwischen kitschigen Palmen sitzen und Weihnachtsgedankenverdrängungswettbewerbe austragen würde (»Denken Sie bloß, heute feiert man in Deutschland Weihnachten!« – »Wenn Sie es nicht gesagt hätten, hätte ich es völlig vergessen.«). Nein, da war eine kleine Weihnachtsdepression das geringere Übel.

Auch in diesem Jahr kroch sie aus den Ecken meines Büros, ließ die verstaubten Aktenordner mit den abgehefteten alten Fällen noch ein wenig trister aussehen, den gegen das Fenster klatschenden münsterschen Regen noch ein bisschen eintöniger klingen und mich selbst etwas intensiver als nötig darüber nachdenken, dass mein letzter Auftrag seit mehr als einer Woche Geschichte war. Und über Weihnachten, so stand zu befürchten, würde niemand meine Dienste in Anspruch nehmen.

Was eine komplette Fehlannahme war. Denn zwei Tage vor Heiligabend stand sie plötzlich vor der Tür. Eine Frau in Rauschgoldengelgestalt mit langen, nach allen Regeln der Coiffeurkunst gelockten Haaren, in eleganter Kleidung, einen Hauch von Irgendwas verströmend. Und das Schönste war: Sie suchte einen Privatdetektiv. Nur mit Mühe konnte ich mich davon abhalten, vor Freude um meinen Schreibtisch zu tanzen.

Bis zu dem Moment, in dem sie sagte: »Herr Wilsberg, Sie werden meinen Wunsch für ungewöhnlich halten, aber ich suche einen Weihnachtsmann.«

Sie zwinkerte nicht. Sie lächelte nicht einmal. Offenbar meinte sie es ernst.

»In der Tat: ein ungewöhnlicher Wunsch«, stimmte ich ihr zu. »So ungewöhnlich, dass ich ihn ablehnen muss. Es gibt Agenturen, die Studenten vermitteln. Ich bin für diesen Mummenschanz ...«

»Nein, nein«, unterbrach sie mich. »Sie verstehen mich nicht. Es geht mir um Sie. Besser gesagt, um meine Nichten und Sie.«

»Ihre Nichten?«

»Die Mädchen sind krimibegeistert, verschlingen mehrere Detektivgeschichten pro Woche. Und da möchte ich ihnen zu Weihnachten eine Begegnung mit einem echten Detektiv schenken.«

»Und warum muss ich mir dafür einen weißen Bart umhängen?«

»Das ist ja der Gag«, strahlte meine Klientin. »Der Weihnachtsmann ist sozusagen die Verpackung, aus der ein echter Detektiv steigt. Im Übrigen sind Sie natürlich herzlich zum Festessen eingeladen. Vorausgesetzt, Sie haben nichts Besseres vor.«

Sie schaute sich um. Kein Weihnachtsschmuck, nirgends. Ich fühlte mich ertappt.

An Heiligabend war es neblig und kalt. Eine schneidende, beißende Kälte, die mir entgegenschlug, als ich das Haus verließ. Beinahe war ich froh, einen dicken roten Mantel zu tragen und mein Gesicht hinter einem weißen Wattebart verstecken zu können. Requisiten, die mir meine Auftraggeberin hatte zukommen lassen.

Je weiter ich mich von der Innenstadt entfernte, desto dichter wurde der Nebel, durch den sich die Autos im Schneckentempo tasteten wie eine Horde U-Boote auf dem Grund des Marianengrabens.

Frau Rosen, meine Klientin, wohnte in einem nördlichen Vorort, und fast schien es mir so, als würde sogar die Stimme meines Navigators zittern, als sie das Erreichen des Ziels verkündete. Da lag Frau Rosens Haus noch hinter einer undurchdringlichen weißgrauen Nebelwand.

Unwillkürlich rechnete ich auf dem Weg dorthin mit schleimigen Monstern, die nur darauf warteten, ihre langen Tentakel um die Beine unschuldiger Weihnachtsmänner zu wickeln, doch dann reduzierte sich der Grusel auf eine Ansammlung schnecken- und häschenförmig geschnittener Buchsbäume im Vorgarten einer nüchternen Achtzigerjahrevilla.

Frau Rosen riss die Tür auf, bevor der Ton des silbernen Löwentürklopfers verhallt war. Sie sah engelsgleicher aus denn je, ein Effekt ihres hochgestellten weißen Kragens und der mit Goldfäden durchwirkten Weste.

»Gott sei Dank!«, stieß sie aufgeregt hervor. »Ich dachte schon, bei diesem Wetter kommen Sie nicht.«

Im Wohnzimmer, einem hallenartigen, bis auf einen langen Tisch fast leeren Raum, war für vier Personen gedeckt. »Die Nichten sind noch nicht da«, erklärte Frau Rosen das Offensichtliche. »Hoffentlich schaffen sie es überhaupt.«

Ein paar Sekunden lang freundete ich mich mit dem Gedanken an, den Abend zu zweit zu verbringen, dann drang von der Straße ein Motorengeräusch herein, das direkt vor dem Haus abrupt verendete. Meine Auftraggeberin hatte es natürlich auch gehört, doch statt Freude über die Ankunft

der Nichten machte sich auf ihrem Gesicht blankes Entset-
zen breit.

»Mein Mann«, flüsterte sie, »ich erkenne das Geräusch
seines Autos.«

Da wir bis jetzt nichts Verbotenes getan hatten, begriff
ich nicht, warum sie mich am Arm packte und in ein nicht
weit entferntes Zimmer mit begehbarem Kleiderschrank
zerrte.

»Wir leben getrennt.« Frau Rosen öffnete den Schrank.
»Er ist schrecklich eifersüchtig.« Sie drückte mich in den
Schrank. »Er bleibt bestimmt nicht lange.« Und die Schrank-
tür schloss sich vor meinen Augen.

Da stand ich nun als Weihnachtsmann verkleidet zwischen muffigen Hemden und nach Alkohol und Rauch stin-
kenden Karnevalsjacken. Ein Albtraum. Schlimmer ging's
wirklich nicht. Dachte ich und irrte mich schon wieder.

Ich hörte, wie Frau Rosen einen Mann begrüßte. Die
männliche Stimme klang gereizt, die weibliche besänftigend.
Die Stimmen bewegten sich durch das ganze Haus, begleitet
vom Knarren der Treppen und dem Knallen zuschlagender
Türen. Und während die männliche Stimme zunehmend
lauter und aggressiver wurde, bekam die meiner Klientin
einen flehenden Unterton. Falls der Mann mich suchte,
würde er mich finden, schließlich war mein Versteck nicht
sonderlich originell.

Als das Deckenlicht aufflammte, hatte ich die Schranktür
so weit aufgeschoben, dass ich den Eintretenden erkennen
konnte. Und wie ich ihn erkannte. Hätte Frau Rosen auch
nur in einem Nebensatz erwähnt, dass sie irgendwann in
ihrem Leben die Atemluft mit Dirk Loddenkötter geteilt
hatte, wäre sie nicht einmal dazu gekommen, den Hauptsatz
überhaupt anzufangen. Denn Dirk Loddenkötter war einer
der übelsten Männer, die in Münster herumliefen. Und in
dieser Hinsicht verfügte ich über reichhaltige Erfahrung.

Breitbeinig, mit rot verquollenem Gesicht und hässlich verzerrtem Mund stolperte Loddenkötter direkt auf mich zu. Ich straffte die Schultern, bereit, mich ihm mannhaft entgegenzustellen. Weihnachtsmannhaft.

Da fegte ein Schuss Loddenkötter aus meinem Blickfeld. In die erste Erleichterung, dass sich die Bedrohung erledigt hatte, mischte sich sogleich ein tiefes Unbehagen.

Mit weichen Knien stieg ich aus dem Schrank. Loddenkötter lag bäuchlings auf dem Parkett, ein großer roter Fleck verunzierte das graue Jackett rund um die Stelle, an der die Kugel eingedrungen war.

»Sind Sie verrückt?«, fuhr ich Frau Rosen an. Noch weniger als die Pistole, die sie in der Hand hielt, gefiel mir das freudige Glitzern in ihren Augen. »Das hätte man auch anders lösen können.«

»Hätte man nicht«, sagte sie.

Ohne sie weiter zu beachten, ging ich neben Loddenkötter in die Hocke und drückte zwei Finger an seinen Hals, darauf hoffend, dass ich noch einen Puls finden würde. Ich fand keinen.

Aber das lag vielleicht in erster Linie daran, dass ich kein Gefühl mehr in den Fingern hatte.

Auf dem Stuhl neben meinem Bett saß kein Geist. Es ging auch kein unheimliches Leuchten von der Gestalt aus, wie von einem verdorbenen Hummer in einem finsteren Keller. Nein, eine bloße Erscheinung, wie sie seinerzeit Mr. Scrooge hatte, als er von dem kettenrasselnden Marley aufgesucht wurde, war der übergewichtige, unfreundlich dreinblickende Mann nicht, der sich zu mir herunterbeugte.

»Na endlich«, sagte Hauptkommissar Stürzenbecher.

Das raubte mir den letzten Rest Illusion, lediglich aus einem sehr realistischen Traum zu erwachen.

»Wo bin ich?«, fragte ich.

»Im Krankenhaus. Du hast eine mittelschwere Gehirn-erschütterung. Weil dir Frau Rosen einen Schlag auf den Schädel verpasst hat.«

»Und was machst du hier?«

»Ich nehme dich fest.«

Lag es nur an der Gehirnerschütterung, dass ich das alles nicht verstand?

»Wieso?«

»Wegen des Verdachts, Dirk Loddenkötter getötet zu haben.«

»Unsinn.« Ich wollte mich aufrichten, wurde jedoch von einem scharfen Schmerz, der sich anfühlte, als ob jemand meinen Kopf mit einer glühenden Zange quetschen würde, davon abgehalten. »Sie war's.«

»Und damit steht Aussage gegen Aussage. Nur hast du das bessere Motiv.« Stürzenbecher erhob sich. »Wir sehen uns dann nach Weihnachten.«

»Warte mal!«, stoppte ich ihn. »Was heißt das für mich?«

»Dass du in U-Haft genommen wirst, sobald du trans-portfähig bist. Morgen früh, sagen die Ärzte.«

»Du kannst mich nicht einfach im Knast schmoren las-sen«, protestierte ich. »Wir haben Weihnachten.«

»Eben«, erwiderte der Hauptkommissar. »Du hast mir schon den Heiligabend versaut. Meine Familie sitzt gerade ohne mich unter dem Weihnachtsbaum.« Er winkte mir zum Abschied zu. »Außerdem soll es am ersten Weihnachtstag im Gefängnis das beste Essen des Jahres geben.«

Es gab verschmorten Schweinebraten mit halb garen Klößen und zermanschtem Rotkohl. Und als Nachtisch Halbgefro-renes am Stil mit Schokoladenüberzug in Plastikverpackung. Nach dem Essen verlangte ich, zum Polizeipräsidium ge-bracht zu werden, weil ich ein Geständnis ablegen wolle.

Eine Stunde später warf Hauptkommissar Stürzenbecher

seinen Mantel wütend über die Stuhllehne. »Du willst also ein Geständnis ablegen?«

»Nein.«

»Und warum hast du mich dann kommen lassen?«

»Weil ich es im Gefängnis nicht aushalte. Es macht mich depressiv.«

»Pass mal auf, Wilsberg!« Stürzenbechers Zeigefinger schoss kerzengerade nach vorn. »Ich sage dir, wie es für dich aussieht: Deine Fingerabdrücke sind an der Pistole, mit der Loddenkötter erschossen wurde.«

»Weil Frau Rosen sie mir in die Hand gedrückt hat, als ich bewusstlos war.«

»Du hast öffentlich gedroht, es Loddenkötter heimzuzahlen, nachdem er dich wegen Nötigung, Hausfriedensbruch und Verleumdung vor Gericht gezerrt hat.«

»Er hätte nie gewinnen dürfen. Außerdem war das nur so dahingesagt.«

»Du hast dich als Weihnachtsmann verkleidet und bist unter einem Vorwand in Loddenkötters Haus eingedrungen.«

»Moment mal!« Jetzt wurde es mir wirklich zu bunt. »Frau Rosen hat mich engagiert, als Weihnachtsgeschenk für ihre Nichten.«

»Frau Rosen, genauer gesagt, Frau Loddenkötter-Rosen, hat überhaupt keine Verwandten, also auch keine Nichten.«

Ich musste zugeben, dass es für mich nicht gut aussah.

Stürzenbechers Handy spielte *Jingle Bells*. Er warf mir einen bösen Blick zu und flötete dann: »Ja, Schatz, ich weiß, dass wir in einer halben Stunde zu deinen Eltern fahren wollen.«

Anscheinend reichte die Beteuerung noch nicht, denn der Hauptkommissar stand auf und verließ den Vernehmungsraum, wobei er heftig mit dem Kopf nickte und mit allen möglichen Betonungen »Ja« sagte.

Bis dahin hatte ich keinen Gedanken daran verschwendet. Doch jetzt, wo sich die Gelegenheit ergab, schoss es mir durch den Kopf: Du musst die Sache selbst in die Hand nehmen. Was hatte ich schon zu verlieren?

Ich schnappte mir Stürzenbechers Mantel und hastete zur Tür. Der Hauptkommissar sagte mittlerweile nicht mehr »Ja«, sondern »Ja doch« mit deutlich schärferer Betonung und drehte mir den Rücken zu. Schon als der Gefängniswagen mich abgeliefert hatte, war mir aufgefallen, dass sich die Feiertagsnotbesetzung im Polizeipräsidium mit einer außerdienstlichen Weihnachtsfeier beschäftigte. Bis zum Ausgang begegnete mir kein einziger Uniformierter.

Lebt man in Freiheit, verschwendet man keinen Gedanken an sie. Erst wenn man einen halben Tag im Gefängnis gesessen hat und anschließend von allen, vermutlich nicht mehr weihnachtsfeiernden Polizisten Münsters gejagt wird, begreift man, welch unglaublichen Luxus sie darstellt.

Und noch etwas anderes wurde mir klar: Ich hatte überhaupt keinen Plan. Nach Hause gehen konnte ich nicht, denn da parkte mit großer Wahrscheinlichkeit ein Polizeiwagen. Nein, ich musste in Bewegung bleiben. Also nahm ich einen Bus, der nach Norden fuhr, zu dem Stadtteil, in dem Frau Rosen wohnte.

Unterwegs hatte ich genügend Zeit, einen imaginären Wunschzettel aufzustellen. Er war nicht sehr einfallsreich, alle Wünsche beschäftigten sich mit Beweisen für meine Unschuld.

Nach mehreren Stunden, in denen ich Frau Rosens Haus abwechselnd von der Straßen- und von der Gartenseite beobachtet hatte, in der vagen Hoffnung, auf etwas zu stoßen, das mich entlasten würde, erwärmte plötzlich eine unbändige Freude meine eiskalten Glieder. Ja, durfte es wahr sein? Wie sicher fühlte Frau Rosen sich eigentlich, dass sie schon nach einem Tag Witwendasein ihre Engelszunge in den Mund dieses jungen, kräftigen Burschen steckte? Zwar im

Inneren ihres Schlafzimmers, doch quasi direkt vor meinen Augen. Kaum hatte sich meine Aufregung ein wenig gelegt, spürte ich eine Hand auf meiner Schulter: »Du trägst meinen Mantel, Wilsberg.«

»Siehst du das?«, sagte ich. »Sie hat ein viel besseres Motiv als ich. Sie wollte ihren Mann beseitigen, um freie Bahn für ihren Freund zu haben. Die Weihnachtsmannnummer hat sie inszeniert, um mich in eine Falle zu locken. Und ich Idiot bin darauf hereingefallen.«

»Du bist wirklich ein Idiot«, sagte Stürzenbecher. »Wärst du nicht geflüchtet wie ein drittklassiger Kleinstadtkrimineller, hätte ich es dir schon früher verraten.«

»Was denn?«

»Frau Rosen ist uns nicht unbekannt. Sie hat vor Loddenkötter drei andere Ehemänner überlebt. Der erste hat mit Tabletten und Autoabgasen Selbstmord begangen, der zweite ist beim Bergsteigen abgestürzt und der dritte hat sich beim Trekking-Urlaub in Indonesien eine tödliche Infektion zugezogen.«

»Eine schwarze Witwe also?«

»Sieht so aus«, sagte Stürzenbecher. »Das Dumme ist nur: Wir können es nicht beweisen.«

Ich trug wieder mein Weihnachtsmannkostüm. Und Frau Rosen verlor auf einen Schlag alles Engelhafte, als sie mich in ihrem Wohnzimmersessel entdeckte. »Schmeiß diesen Clown raus!«, befahl sie ihrem muskelbepackten Lover, dessen niedrige Stirn und dicht beieinanderstehenden Augen den Verdacht erweckten, dass sein Gehirn der am wenigsten trainierte Körperteil war.

»Hat Ihnen der Kleine auch bei den anderen drei Ehemännern geholfen?«, fragte ich.

»Drei?« Das Gesicht des Muskelmanns schrumpfte zu einem Fragezeichen. »Davon hast du mir gar nichts erzählt.«

»Halt die Klappe!« Frau Rosen stampfte mit dem Fuß auf den Boden.

»Kein Wunder, dass sie nicht gerne darüber redet«, warf ich ein. »Sie hat nicht nur Loddenkötter erschossen, sondern auch die anderen drei erledigt.«

»Stimmt das?« Seine Stimme kiekste unsicher.

»Ja, es stimmt. Und nun mach endlich, was ich dir gesagt habe!«, kreischte die Rosen.

Gegen so viel weibliche Überzeugungskraft war er machtlos.

»Seien Sie vorsichtig!«, riet ich dem Rausschmeißer, als er auf mich zuwalzte. »Die Männer in ihrer Umgebung leben gefährlich.«

Aber da war seine Aufmerksamkeit schon von etwas anderem gefesselt. »Du glaubst es nicht«, rief er über die Schulter. »Der hat eine Kakerlake im Bart.«

Frau Rosen wusste es besser. »Scheiße! Das ist keine Kakerlake. Das ist eine Wanze.«

»Kakerlake oder Wanze.« Zwei grobe Hände zogen mich aus dem Sessel hoch. »Was macht das für einen Unterschied?«

Es klopfte an der Tür.

»Einen großen«, sagte ich. »Denn jetzt kommt die Bescherung.«

Der Rest der Welt

Zweites Leben, zweiter Tod

Ich war der Typ im gelben T-Shirt, mit zu kurzen Hosen, einem leicht angeschwulten schwarzen Vollbart und Intellektuellenbrille. Was nicht weiter schlimm gewesen wäre, hätte ich nicht auch noch Flip-Flops angehabt. Flip-Flops gingen gar nicht. Flip-Flops machten mich als Newbie erkennbar, als Neuling, als einen, der es nicht draufhat, der keine Linden-Dollar für sein Outfit ausgibt.

Ich war hinter Frauen her. Natürlich. Rein statistisch gesehen gab es Millionen davon. Das Problem war nur, dass sie nichts von mir wissen wollten. Sie ignorierten mich einfach, flogen davon, wenn ich sie anquatschte. Andere erzählten mir, dass sie eigentlich Männer seien und auf Frauen stehen würden. Um die Pelzwesen machte ich gleich einen großen Bogen. Wer sich selbst als Wolf oder Eichhörnchenverschnitt maskiert, hat doch eine Macke. Nein, ich wollte eine von den gut aussehenden Frauen kennenlernen, ob blond, brünett oder rothaarig, mit oder ohne Tattoos war mir ziemlich egal. Aber dazu musste ich erst mal die Flip-Flops loswerden.

Also zurück auf Anfang. Und da ich schon mal dabei war, ließ ich mir auch den Bart abnehmen und ein paar Muskeln wachsen. Dann kaufte ich mir eine anständige Hose und Cowboystiefel. Wenn das die Mädels nicht anmachte, würde ich mich wieder abmelden.

Allein war ich sowieso. Dafür musste ich mich nicht in eine schöne, bunte Pixelwelt beamen.

Rasiert, austrainiert und lässig angezogen nahm ich den Telehub nach Kasada. In der Stadt trieben sich eine Menge Deutsche herum. Wer flirtet schon gern auf Chinesisch oder Kisuaheli? Ich nicht. Mein Charme kommt nur auf Deutsch richtig zur Geltung. Und Charme ist ja wohl das Einzige, was zählt, wenn jeder zehnte Mann mit deiner Gesichtsform herumläuft.

Ich ging in ein paar Bars, schaute bei einem Tabledance zu und mischte mich unter das Volk auf der Straße. Immerhin nahm man mich endlich wahr. Sage nur einer, im Internet gibt's keine Klassengesellschaft. In kurzen Hosen und mit Flip-Flops bist du so angesagt wie der Bettler mit Säufernase, der vor dem Kaufhaus in der Innenstadt hockt. Erst mit Cowboystiefeln wirst du zum Menschen.

Bei den Frauen zog ich allerdings nur Nieten. Entweder sie waren konsumgeil, auf irgendeinem Esoteriktrip oder Büchernasen, die über Literatur reden wollten.

Gegen Mitternacht beschloss ich, noch ein paar Minuten in einer Disco abzuhängen und dann meinen Avatar einzupacken. Morgen würde ich wiederkommen. Und übermorgen auch. Es gab keinen Grund, das Glück zu erzwingen.

»Hallo Vincent!«, sagte die Frau neben mir. Sie war blond mit braunen Spitzen, trug ein hautenges, gestreiftes Top über dem nackten Bauch und schwarze Hosen. Und sie hieß Marie – der Name schwebte über ihrem Kopf. Wie bei allen hier im Second Life.

»Freut mich, dich zu treffen, Marie«, antwortete ich. »Wie geht's denn so?«

»So lala. Du siehst müde aus, Vincent.«

Ich lachte. Das heißt, ich tippte »Har har« in die Tastatur. »Woran merkst du das?«

»An der Körperhaltung. Du bist ein Newbie, stimmt's? Und auf der Suche.«

»Sind wir das nicht alle?«

Wir plauderten eine Weile über dies und das. Wie sich herausstellte, ähnelten sich viele unserer Ansichten. Ich erzählte ihr, dass ich Mitbesitzer einer Werbeagentur sei – das war nur ein klein wenig übertrieben. Marie hielt sich mit

Informationen über ihre reale Existenz zurück, entweder aus Schüchternheit oder weil es nichts Spannendes zu berichten gab. Von mir aus konnte sie eine kleine Büromaus sein oder von Hartz IV leben – bis jetzt war sie definitiv die interessanteste und unkomplizierteste Braut, die sich auf meinem Monitor gezeigt hatte. Doch als ich von meinem Standard-Small-Talk-Programm zum Anbaggern überging, griff sie nach meinem Arm.

»Lass gut sein, Vincent. Ich bin müde. Morgen muss ich früh raus.«

»Sehen wir uns wieder?«

»Vielleicht.«

»Morgen Abend hier? Sagen wir um neun?«

»Vielleicht.«

Der Tag verlief schleppend. Mein Chef – tatsächlich war ich als Kontakter in einer Werbeagentur beschäftigt – machte mich zur Sau, weil ich einen Termin verschlampt hatte. Aber das kratzte mich nur am Rande.

Um Viertel vor neun stand ich als Vincent Beaumont in der Disco. Marie kam eine halbe Stunde später.

Diesmal hielten wir uns nicht lange mit Vorreden auf. Hand in Hand gingen wir zu einem Separee. Keine anderen Avatare, die mithören und dumme Bemerkungen machen konnten. Nur wir beide, Marie und ich.

»Du bist toll«, flüsterte ich ihr ins Ohr, als wir auf dem Bett saßen.

»Und du bist ein Charmeur. Aber ich mag dich«, erschien als Textzeile am unteren Bildrand. Ich sah, wie sie ihre Hand auf meinen Oberschenkel legte.

»Es gibt Sprachunterstützung«, tippte ich. »Wir könnten unsere Stimmen hören, uns richtig unterhalten.«

»Ich möchte das nicht.«

»Warum nicht?«

»Weil ich die Anonymität liebe. Hier bin ich Marie, eine

Avatrix, kein Mensch. Würde ich sprechen, könnte ich beides nicht mehr auseinanderhalten.«

»Wäre das so schlimm?«

Marie legte sich aufs Bett. Ein Kleidungsstück nach dem anderen verschwand, bis sie so nackt war, wie das Linden Lab sie geschaffen hatte. Sie spreizte ihre Beine. »Sei still und genieße es einfach!«

Inzwischen hatte ich gelernt, meinen Avatar einigermaßen geschmeidig zu bewegen. Wir liebten uns in allen möglichen Stellungen, soweit dreidimensionale menschliche Grafiken ohne primäre Geschlechtsorgane Sex haben können. Es war ähnlich spannend wie ein Vorspiel mit einer Beate-Uhse-Puppe. Ein paar Minuten später lagen wir nebeneinander auf dem Bett.

»Wie hat's dir gefallen?«, fragte Marie.

»Es war schön. Aber ...«

»Du lässt nicht locker, wie?«

»Es wäre viel schöner, wenn wir uns sehen würden. Richtig sehen, meine ich.«

»Ach ...«

»Und uns küssen, uns umarmen, uns spüren. Körper auf Körper. Schwitzend, schreiend ...«

»Du kennst mich doch gar nicht. Vielleicht wiege ich hundertdreißig Kilo oder bin Großmutter.«

»Bist du nicht.«

»Okay, Vincent, dann sage ich dir den wahren Grund: Ich habe schlechte Erfahrungen gemacht.«

»Womit?«

»Mit den Männern, mit denen ich mich verabredet habe. Im Netz waren sie intelligent und spritzig, in der realen Welt wurden sie bei jedem zweiten Satz rot. Oder hatten schwitzige Hände und behaarte Warzen im Gesicht.«

»Ich werde nicht rot, mit Menschen umzugehen ist mein Job. Und ich sehe gut aus. Na ja, einigermaßen.« Ich überlegte. »Warte mal! Ich könnte dir ein Foto schicken. Per E-Mail. Was hältst du davon?«

Marie richtete sich auf. »Und du bist mir nicht böse, wenn ich dich nicht treffe?«

»Bestimmt nicht.«

Das war natürlich gelogen. Mich abblitzen zu lassen, hätte das schnelle Ende unserer virtuellen Beziehung bedeutet. Zwar sah ich nicht gerade wie ein Modellathlet aus, doch für meine neununddreißig Jahre war ich noch recht gut in Form. Schließlich lief ich drei Mal pro Woche zehn Kilometer, trank und rauchte nicht und bestand jeden Gesundheits-check mit Sternchen. Nur die immer größer werdenden Geheimratsecken, die sich kaum noch kaschieren ließen, machten mir zu schaffen.

Marie stolzierte im Raum auf und ab. »Ich hoffe, du weißt mein Vertrauen zu schätzen.«

Allzu groß war ihr Vertrauen allerdings nicht. Denn die E-Mail-Adresse, die sie mir nannte, lautete auf denselben Namen wie ihre Avatrix: Marie Teichmann.

Der nächste Tag zog sich wie ein Kaugummi. Ich konnte es kaum erwarten, wieder ingame zu sein. Und obwohl vor neun mit Marie nicht zu rechnen war, ging ich online, sobald ich mein Abendessen hinuntergeschlungen hatte. Um mich abzulenken, besuchte ich ein paar Shops und machte einen Ausflug auf eine Porno-Insel. Kurz überlegte ich, ob ich einen Dildo kaufen sollte, entschied mich aber dagegen. Marie könnte das missverstehen und annehmen, ich hätte Spaß am Cybersex gefunden.

Endlich blinkte Maries Name auf.

»Und?«, fragte ich, als sich ihre Gestalt neben meinem Vincent materialisierte.

»Du siehst nett aus.«

»Ich bin nett.«

»Das muss sich noch herausstellen.«

»Heißt das Ja?«

»Kommt drauf an.«

»Worauf?«

»Ob du bereit bist, in meine Stadt zu kommen.«

Daran hatte ich auch schon gedacht. Zehn Stunden Autofahrt für ein Blind Date hätten jede Romantik gekillt. Doch ich hatte Glück. Verdammtes Glück. In der realen Welt lebte Marie nur achtzig Kilometer von mir entfernt. Ich überließ ihr die Wahl des Ortes und sie schlug ein Café in der Innenstadt vor. In weniger als vierundzwanzig Stunden würde ich sie sehen. Face to face. Kein Spiel. Echtes Leben.

»Jetzt kannst du mir doch verraten, wie du heißt«, schrieb ich.

»Noch nicht«, antwortete Marie. »Morgen. Vielleicht.«

Ich war da. Wer nicht kam, war Marie.

Drei Stunden nach unserer vereinbarten Zeit zog ich frustriert wieder ab. Den Kopf voller hässlicher Gedanken schlenderte ich über den großen, inzwischen fast leeren Parkplatz zu meinem Wagen. Hätte ich mich weniger intensiv damit beschäftigt, nach Gründen für Maries Verhalten zu suchen, wäre mir das andere Auto sicher früher aufgefallen. Als ich mich umdrehte, war es nur noch wenige Meter von mir entfernt.

Und dann flog ich durch die Luft.

Zwei Wochen später wurde ich aus dem Krankenhaus entlassen. Die Ärzte sagten, ich hätte Glück gehabt. Wäre das Fensterglas des parkenden Autos, in das ich mit dem Kopf voraus gesegelt war, ein paar Millimeter tiefer in meinen Hals eingedrungen, hätte nichts und niemand meinen Tod verhindern können. So aber war ich mit einem komplizierten Beinbruch und etlichen Platzwunden und Prellungen davongekommen.

Am Abend, das lädierte Bein auf einem Hocker neben dem Computer hochgelegt, loggte ich mich bei Second Life ein.

Marie unterhielt sich mit einem anderen Kerl. Ich drängte mich grob zwischen die beiden.

»Vincent!!!!«, leuchtete es über Maries Kopf auf. »Wo hast du die ganze Zeit gesteckt?«

»Und wo warst du?«, knurrte ich. »Vor zwei Wochen?«

»Ich …«

»Ja?«

»Ich bin gekommen.«

»Tatsächlich?«

»Ja, ich habe dich durchs Fenster gesehen. Aber … ich habe mich nicht hineingetraut.«

»Wieso? Habe ich deinen Erwartungen nicht entsprochen?«

»Doch. Hundertpro. Verzeih mir, Vincent.« Marie beugte sich zu mir herüber und drückte mir einen Kuss auf die Wange. »Ich war einfach noch nicht so weit.«

Meine Wut verschwand. Ich schluckte. »Schwamm drüber.«

»Du bist nicht länger sauer auf mich?« Maries Wange klebte an meiner. »Mein kleiner, süßer Vincent!«

Ich erzählte ihr, was passiert war.

»Das tut mir so leid.« Marie starrte auf die Flaschen, die in einem Regal hinter der Theke standen. »Ich hätte es dir sagen sollen.«

»Was?«

»Ich werde verfolgt.«

»Von wem?«

»Von einem Typen. Ich kenne ihn nicht. Ein Stalker. Er ruft mich an, lauert vor meinem Haus. Ich habe die Polizei eingeschaltet, doch bisher ist er jedes Mal entkommen. Wahrscheinlich denken die bei der Polizei inzwischen, ich würde mir das nur einbilden. Das, was dir zugestoßen ist …«

»… war nicht der erste Vorfall«, ergänzte ich.

»Nein. Deshalb habe ich gezögert, mich mit dir zu treffen. Ich fühle mich so schuldig, Vincent.«

»Das musst du nicht.«

»Dieser verfluchte Scheißkerl!«

Ich legte meinen Arm um Maries Schulter. »Du kannst doch nichts dafür.«

»Solange er da ist, sind wir nicht sicher. Wir werden uns nie sehen dürfen.«

»Gibt es keine Möglichkeit …«

Marie hielt mir den Mund zu. »Komm mit nach draußen!«

Wir gingen eine Straße entlang, bis kein anderer Avatar mehr in der Nähe war.

»Ich glaube, er verfolgt mich auch in Second Life«, sagte Marie. »Da ist so ein Wolf, der mich immer anstarrt. Vorhin saß er in einer Ecke und hat uns beobachtet.«

»Wie kann er wissen, wer du bist?«

»Ich traue ihm zu, dass er sich in meinen PC gehackt hat.«

»Das darf doch nicht wahr sein.«

»Es ist ein Albtraum, Vincent. Ein Albtraum, der nicht endet.«

Ein Plan reifte in meiner Biofestplatte. Er kombinierte meinen Wunsch, mich zu rächen, mit der edlen Absicht, Marie von ihrem Stalker zu befreien. Als ich Marie den Plan mitteilte, sträubte sie sich zunächst. Erst nachdem ich ihr alle Bedenken ausgeredet hatte, willigte sie ein.

Drei Tage nach dem nächtlichen Spaziergang durch Kasada war der Plan aufgegangen. Ich fuhr wieder zu dem Café, in dem ich Marie beinahe begegnet wäre. Nicht allein, sondern zusammen mit Bernie, der als Türsteher einer Disco jobbte. Bernie hatte nicht nur mehr Muskeln als Vincent, er wusste auch, wie man sie im realen Leben gebrauchte.

Marie hatte sich mächtig ins Zeug gelegt. Sie hatte den Wolf umgarnt und ihn nach allen Regeln der Anmache

weichgekocht. Jetzt war er scharf darauf, seinen Pelz abzulegen und ihr sein wahres Ich zu zeigen. Aber statt Marie
würde er die Bekanntschaft mit Bernie und mir machen.
Und eine Abreibung bekommen, die er sein Leben lang
nicht vergessen würde.

Auf eine Krücke gestützt, humpelte ich in das Lokal. Bernie blieb ein paar Meter hinter mir. Es gab nur einen Mann,
auf den die Beschreibung zutraf, die Marie mir übermittelt
hatte. Keuchend ließ ich mich auf einen Stuhl an seinem
Tisch fallen, das Gehen fiel mir immer noch schwer.

»Sie sind das also!«

Ich stutzte. Genau denselben Satz hatte ich sagen wollen.
Jetzt kam er aus dem Mund dieses Stalkers. Und der Typ
war kein bisschen überrascht oder ängstlich. Er hatte sogar
die Frechheit, mich wütend anzustarren.

»Moment mal, Freundchen«, konterte ich. »Sie haben kein
Recht, sich aufzuspielen.«

Der Mann drehte sich um und schaute zu einem Body-
builder, der in Bernies Liga spielte. Offenbar sein Leibwächter, denn der Muskelmann trat an unseren Tisch. Auch Bernie stand jetzt hinter mir, die beiden Adjutanten maßen sich
mit kühlen Blicken. Eine blöde Pattsituation.

»Sehen Sie sich das an!« Der Stalker hob seinen rechten
Arm, den er zwischen den Beinen versteckt hatte, und legte
ihn auf die Tischplatte. Eine Prothese. »Ich habe meinen
Arm verloren, als Sie mich über den Haufen gefahren haben.
Sie Schwein!«

»Ich?«, heulte ich auf. »Sie hätten *mich* beinahe umgebracht. Keine zweihundert Meter von hier entfernt. Auf
dem Parkplatz.«

Etwas lief völlig verkehrt. Die Gesichtszüge des Stalkers
entspannten sich. Er begann zu grinsen. »Hat Ihnen Marie
das erzählt?«

»Natürlich.«

Er lachte laut auf. »Dieses Aas. Dieses verdammte Luder. Mir hat sie gesagt, dass ich heute den Mann treffen würde, der mir das angetan hat.«

»Dann hat sie uns beide gelinkt.« Ich lachte mit. »Das heißt ...«

»Sie war's«, fiel mir der Einarmige ins Wort. »Marie hat uns beide erledigt. Und wahrscheinlich sind wir nicht die Einzigen.«

Es wurde ein langer Abend. Wir tranken eine Menge und überlegten, wie wir Marie zur Strecke bringen konnten. Am Ende waren wir zwar zu keinem Ergebnis gekommen, doch dafür Freunde geworden.

Nach Mitternacht verabschiedeten wir uns. Ich hielt mich am Straßenrand an meiner Krücke fest, während Bernie den Wagen holte. Ein Motor sprang an. Ich sah, wie ein Auto aus einer Parklücke scherte. Die kalte Luft ernüchterte mich schlagartig. Einen Moment lang dachte ich daran, wegzulaufen. Doch ich wusste, dass ich mit meinem verletzten Bein nicht weit kommen würde. Der Wagen raste auf mich zu.

Von Schleim bis Hammerhart

Es gab Rochenflügel. In feiner Panade und mit einem Basilikum-Kartoffeltörtchen, Tomaten und Wildkräutern. Und das im tiefsten Sauerland. »Omma«, wie die schon etwas betagte Servierkraft vom jugendlichen Küchenchef gerufen wurde, brachte den Flügel mit schleppenden Schritten in den Gastraum.

»Für Sie?« Ob der kritische Gesichtsausdruck mir oder den kreativen Kochkünsten ihres Enkels galt, war nicht auszumachen. Vermutlich erinnerte sich Omma mit Wehmut an die Zeiten, als Schweinebraten oder Bratkartoffeln mit Spiegelei ausgereicht hatten, um die Gäste des Hotels *Kaiserhof* in Medebach-Medelon glücklich zu machen.

Dabei mochte ich Schweinebraten. Bratkartoffeln auch. Das war ja mein Verhängnis. Ich aß einfach alles gern. Vorwiegend auswärts, da Nicole dazu übergegangen war, fleischlos zu kochen. Allenfalls ein gedünstetes Zanderfilet lag gelegentlich auf dem fettlos zubereiteten Gemüse.

Ich kostete den Rochen. Er schmeckte köstlich. Trotz seiner weiten Reise. Denn in der Orke, die hinter dem Hotel plätscherte, tummelten sich keine Rochen. Am Nachmittag, als ich ein paar Hundert Meter am Fluss entlangspaziert war, hatte ich jedenfalls keine entdeckt. Offiziell befand ich mich nämlich im Wanderurlaub. Dazu verdonnert, bis zum Ende der Woche fünf Kilo abzunehmen. Ansonsten – an dieser Stelle ihrer Ansprache hatte Nicole ihre elfenglatte Stirn in Falten gelegt – drohten ernsthafte Konsequenzen.

Aber Wandern erforderte Vorbereitung. Ich musste Kräfte sammeln für meine Klettertouren auf die sauerländischen Bergspitzen. Auf Letzteres hatte ich mich heute konzentriert. Morgen würde ich meine luftdurchlässige Funktionswäsche überstreifen, die neuen Wanderstiefel schnüren und mit zwei Nordic-Walking-Stöcken in den Händen die Hügel hinauffliegen. Vielleicht.

»Noch eine Eisbombe?« Omma.

Meine Hose spannte etwas. Dabei hatte ich beim letzten Hosenkauf schon eine größere Bundweite gewählt. »Nein, ich …«

»Sehr lecker.«

Ach, warum nicht? Nicole war weit weg und heute einfach nicht der Tag, um mit dem Abnehmen anzufangen.

Nach zwei Bierchen und einem Absacker an der Bar lag ich im Bett. Zeit, mit Nicole zu telefonieren. Als Regionalvertriebsleiterin eines Pharmakonzerns war sie viel unterwegs, oft bis in den späten Abend. Das hinderte sie nicht daran, jeden Tag einen Abstecher ins Fitnessstudio zu unternehmen. An ihrem Körper musste man das Fett mit dem Biosensor suchen. Der Bauch flach wie ein Bügelbrett, die Oberarme geschwollen vom Hanteltraining. Nicole sah aus wie ein Nachher-Bild aus einem Vorher-Nachher-Diätkatalog.

Vor zwanzig Jahren, als Nicole und ich uns kennenlernten, hatte ich selbst noch ein Sixpack zur Schau getragen. Seitdem hatten sich unsere Leiber auf unterschiedliche Weise entwickelt. Während Nicole alles Schwabbelige verlor, legte sich Schicht auf Schicht um meine Körpermitte. Lange Zeit konnten wir damit leben. Ja, Nicole genoss es geradezu, sich auf meinem Bauch zu räkeln. Doch in den letzten Jahren musste ich zunehmend Missbilligung und Kritik ertragen. Unsere Küche wurde zu einer freud- und kalorienlosen Hölle, in der sogar die Schaben an Unterernährung starben. Und als ob Bewegung jemals etwas Gutes hervorgebracht hätte, zwang mich Nicole regelmäßig dazu, den Fernseher auszuschalten und einmal um den Block zu traben. Wogegen ich mich nur so lange sträubte, bis ich die Dönerbude an der

Hauptstraße entdeckt und in meine Joggingstrecke einge-baut hatte.

»Wie viele Kilometer hast du heute geschafft?«, kam Ni-cole gleich zur Sache.

»Etwa zehn«, improvisierte ich. »Morgen will ich mich auf fünfzehn steigern.«

»Und wo warst du?«

Ich strich über die Wanderkarte, die auf meinem Bauch lag. »Zuerst in Schleim, dann bin ich rüber nach Hammer-hart.« Meine zufällige Auswahl brachte mich selbst zum Kichern. »Lustige Ortsnamen haben die hier in Medebach.«

Schweigen am anderen Ende der Verbindung. Dann Ni-coles skeptische Stimme: »Das sind höchstens fünf Kilometer.«

Verdammt. Ich hätte damit rechnen müssen, dass Nicole sich einen Plan von Medebach auf den PC laden würde.

»Anschließend bin ich an der Orke entlang zurückgegan-gen«, schob ich hinterher.

Das schien sie zu besänftigen, denn sie wechselte unver-mittelt zum zweiten Problemthema: »Und was hast du ge-gessen?«

»Ach, heute Mittag ein Müsli, am Abend habe ich mich mit einem Fruchtjoghurt begnügt, ohne Zucker natürlich.«

»Hmmm«, machte Nicole.

Hatte ich übertrieben? Nein, sie lobte mich und leitete kurz darauf das Ende des Gesprächs mit der Ermahnung ein, genug Wasser zu trinken, um einer Dehydrierung vorzubeu-gen. Ich versprach es. Ohne schlechtes Gewissen, denn be-steht nicht auch Bier zu neunundneunzig Prozent aus Wasser?

Am nächsten Morgen fielen ein paar Regentropfen. Kein Wetter, um mit dem Wandern anzufangen. Schließlich woll-te ich mich mit Lust und nicht mit Missmut in die Heraus-forderung stürzen. Psychologisch wäre es sehr bedenklich gewesen, gleich mit einem Negativerlebnis zu starten.

Also ließ ich es ruhig angehen, beschäftigte mich nach einem ausgiebigen Frühstück mit der Zeitungslektüre und nahm gegen Mittag einen kleinen Snack zu mir. Gebackener Ziegenkäse im Speckmantel, garniert mit lauwarmen Salatblättern. Ein Gedicht. Beim Abräumen fragte Mama, das genealogische Bindeglied zwischen Koch und Omma, ob ich ihren selbst gebackenen Apfelkuchen kosten wolle, mit handverlesenen Äpfeln aus dem eigenen Garten, ohne jegliche Zuckerzusätze. Wie hätte ich dazu Nein sagen können?

»Aber nur ein ganz kleines Stück«, bat ich.

Ich bekam eine XXL-Ausgabe vom Apfelkuchen, dazu eine tassengroße Kugel Vanilleeis mit Sahnehaube. Anschließend brauchte ich dringend einen Mittagsschlaf.

Der jäh von einem Klopfen und dem Geräusch eines sich drehenden Schlüssels unterbrochen wurde. Hatte ich nicht extra das *Bitte nicht stören*-Schild an die Türklinke gehängt?

»Was soll das?«, knurrte ich dem ungebetenen Besucher entgegen. »Können Sie nicht lesen?«

»Überraschung!«, strahlte Nicole. »Und jetzt raus aus den Federn. Schlafen kannst du, wenn wir wieder zu Hause sind.«

Ich brauchte ein paar Sekunden, um mich zu sammeln. »Es regnet.«

Nicole riss die Vorhänge auf. Strahlender Sonnenschein.

»Vorhin zumindest«, relativierte ich.

»Unsinn.« Nicole zog mich aus dem Bett. »Es ist schönstes Wanderwetter. Ich habe mir die Woche freigenommen, um dich zu unterstützen. Ich weiß doch, wie schwach du manchmal sein kannst.«

Womit sie gleich zwei meiner drängendsten Fragen beantwortet hatte. Leider in genau der Weise, die ich befürchtet hatte.

»Das sieht aber nicht so aus, als ob du auch nur ein Gramm abgenommen hättest. Im Gegenteil.« Nicole begutachtete meine vordere Körperwölbung, während ich die Unterwäsche überstreifte.

»Das täuscht«, sagte ich. »Mittags wirke ich immer dicker als morgens.«

Ein paar Minuten später standen wir vor dem Hotel.

»Der Weg führt zu einem geologischen Aufschluss.« Nicole deutete auf ein Hinweisschild. »Was das wohl sein mag?«

Ich wagte nicht zu sagen, dass es Rätsel gab, die mich brennender interessierten. Im Licht der nun ordentlich heizenden Sonne hatte ich ohnehin keine Alternative.

Wir stiegen bergauf, nicht steil, dafür stetig. Nicole hatte mir den Rucksack überlassen, aus Gründen der Fürsorge, wie sie betonte, immerhin gehe es um meine Fitness. Und reine Nächstenliebe hatte sie vermutlich bewogen, einige Ziegelsteine in dem roten Plastiksack zu versenken, so schwer wie das Ding auf meinen Rücken drückte.

Bald schoss mir der Schweiß aus allen Poren, mein Herz arbeitete am Limit. Trotzdem blieb ich Nicole, die mit federnden Schritten voranstürmte, dicht auf den Fersen.

Sie sollte sehen, wozu ich fähig war, ich würde mich nicht abhängen lassen. Irgendwann schaffte ich es, in eine Art Trance zu geraten, mit gleichmäßigem Schritt und gleichmäßiger Atmung die Schmerzen und die Anstrengung zu ignorieren.

»Da!«

Fast wäre ich in Nicole hineingestolpert.

Der geologische Aufschluss. Ein Schieferbruch, der hundert Meter in die Höhe ragte. Mit Schieferschichten, deren Ursprünge bis zu fünfhundert Millionen Jahre zurückreichten, erkennbar an den Farben, die sich von Hellgrün bis Dunkelgrau wandelten.

»Faszinierend, nicht?«, sagte Nicole, die den erläuternden Text von einer großen Tafel abgelesen hatte. Sie reichte mir ihre Wasserflasche. »Trink einen Schluck. Du hast eine ziemlich rote Bombe.«

Die lauwarme Brühe schmeckte abscheulich. »Immerhin haben wir ein ordentliches Tempo vorgelegt.«

»Das glaubst auch nur du.« Sie lachte. »Wenn ich alleine wäre ... Aber ich will dich nicht überfordern.«

Das Biest.

»Und jetzt?« Nicole konsultierte die Wanderkarte. »Ich schlage vor, wir gehen über den Bollenberg und dann nach Medebach-Zentrum.«

»Mir ist alles recht«, erwiderte ich.

Nicole kicherte und kniff mir in die Hüfte. »Von den fünfzehn Kilometern, die du dir vorgenommen hast, haben wir gerade mal zwei geschafft. Da müssen wir noch einiges tun.«

Wieso war mir dieser gehässige Charakterzug an Nicole bislang nicht aufgefallen? Konnte ein normal denkender Mensch so etwas übersehen?

Der Bollenberg erwies sich als Aneinanderreihung von Serpentinen, die sich erbarmungslos nach oben schlängelten. Unterwegs passierten wir eine muffige Holzbude, die den hochtrabenden Namen Hubertushütte trug. Und endlich auf dem Gipfel angekommen, lockte mich Nicole durch zeckenverseuchtes Gelände bis an die obere Kante des Schieferbruchs, die einen Blick über die grüne Waldlandschaft erlaubte.

Nicole atmete tief aus. »Wahnsinn! Diese Weite!«

Ich japste nach Luft. »Was machst du eigentlich, wenn ich bis zum Wochenende keine fünf Kilo schaffe?«

»Ich lasse mich scheiden.«

Ich spürte, wie mein Herz einen Schlag aussetzte. Dann begann mein rechtes Ohr zu pfeifen und vor meinen Augen tanzten Ameisen.

»Bist du verrückt?«

»Herrgott noch mal.« Nicole schaute in die Ferne. »Seit Jahren versuche ich, dir zu helfen. Aber du weigerst dich immer wieder, etwas für deinen Body zu tun. Ich bin es leid, eine Qualle auf meinem Sofa zu ertragen.«

»Dein Sofa? Das Sofa gehört mir genauso wie dir.«

Nicoles Unterlippe zitterte. »Mach dich nicht lächerlich. Achtzig Prozent des Familieneinkommens gehen auf mein Konto. Und die Klitsche, bei der du den Buchhalter spielst, steht kurz vor der Pleite.«

Leider wusste ich nur zu genau, dass das stimmte.

»In deinem Alter findest du keinen neuen Job«, redete Nicole weiter. »Hast du nicht bemerkt, wie meine Mitarbeiterinnen bei der letzten Weihnachtsfeier über dich getuschelt haben?«

»Nein«, gab ich zu.

»Zu der beruflichen Position, die ich erreicht habe, gehören auch Repräsentationspflichten. Mit einem Fettsack an meiner Seite ist das dummerweise nicht möglich.«

»Du bist … gemein.«

»Ach ja?« Nicole drehte ihren Kopf so weit wie möglich von mir weg. »Gemein wäre es, wenn ich dir keine Wahl ließe. Aber du kannst dich entscheiden: entweder fünf Kilo bis zum Samstag – oder willkommen bei Hartz IV. Du kennst ja unseren Ehevertrag.«

Ich hob die Hand, bis sie nur noch wenige Zentimeter von Nicoles Rücken entfernt war. Ein kleiner Schubser und der Ehevertrag hätte sich erledigt. Nicoles Testament sah für mich wesentlich freundlicher aus.

Ein Motorengeräusch beendete meine Überlegungen. Nicole wandte sich zum Wanderweg um und schüttelte fassungslos den Kopf. »Welcher Idiot fährt hier Auto?«

Es war der Förster. Waldmänner kannten natürlich die komfortabelste Weise, sich im Sauerland fortzubewegen.

Als wir den Stadtkern von Medebach erreichten, kam ich mir vor wie eine wandelnde Pfütze. Meine Oberschenkel brannten und mein Kreislauf tendierte in Richtung Ohnmacht. Zu allem Überfluss kreuzte ein Schützenzug unseren Weg. Männer in Uniformen und Frauen in bonbonfarbenen Prinzessinnenkleidern marschierten stramm an uns vorbei. Fahnen wurden geschwenkt, Schellenbäume geschüttelt und Mitglieder von Musikvereinen bliesen tapfer in ihre Instrumente. Waffen gab es auch, reichlich sogar. Geschulterte Gewehre, gezogene Degen, für eine einzelne Ehefrau mehr als genug todbringende Werkzeuge, manchmal nur eine Armlänge von mir entfernt.

»Riechst du das auch?« Nicole rümpfte die Nase.

Ja, ich roch es. Der Duft von Currywürsten und frischen Pommes frites weckte meine Lebensgeister. Das Schützenfestzelt musste ganz in der Nähe sein.

»Vergiss es!«, sagte Nicole, als sie meinen sehnsüchtigen Blick auffing. »Tote Tiere und in Altöl ertränkte Kartoffelschnitze sind nichts für uns.«

»Wenigstens ein Bier«, bettelte ich. »Meinetwegen auch ein Radler oder ein Wasserbier.«

»Auf keinen Fall«, entschied Nicole. »Aber ich bin ja kein Unmensch. Ich hole uns frisches Leitungswasser.«

Wir folgten den Schützenbrüdern bis zu ihrem Festplatz. Während sich Nicole durch die Reihen der Bewaffneten drängelte, stellte ich mir vor, wie sie plötzlich straucheln und in einen unglücklich aufragenden Säbel stürzen würde. Doch da war niemand, der ihr ein Bein stellte.

An den Rückweg zum *Kaiserhof* in Medelon konnte ich mich anschließend kaum noch erinnern. Einmal standen wir am Rand eines riesigen offenen Güllebehälters. Aus eigener Kraft hätte es Nicole nicht geschafft, an den nackten Betonwänden im Inneren hochzuklettern. Allerdings war ich viel zu schwach, um sie über den zwei Meter hohen Begrenzungszaun zu werfen.

Eine ausgiebige kalte Dusche versetzte mich in die Lage, Nicole ins Restaurant des Hotels zu begleiten. Auch wenn ich mir wenig Hoffnungen auf die Kaninchenrücken in gerösteem schwarzem und weißem Sesam machte, die der Küchenchef am Mittag angekündigt hatte, irgendetwas Nahrhaftes musste mir sogar Nicole zugestehen.

Es kam schlimmer. Auf meinem Platz stand bereits ein Teller, auf dem undefinierbare grüne Blätter in einer Soße schwammen, die nach geronnener Milch aussah.

»Was ist das?« Ich pikste in ein Blatt. »Kaninchenfutter?«

»Wilder Rhabarber«, frohlockte Nicole. »Auf dem Weg hierher habe ich ihn extra für dich gepflückt.«

»Das ist nicht dein Ernst? Nach so einem Marsch brauche ich ein paar Kalorien, sonst falle ich ins Koma.«

Nicole tätschelte meine Hand. »Vertrau mir. Der Salat wird dir guttun.«

Voller Verachtung schlang ich das Grünzeug herunter. Wobei ich Nicole anstarrte, die mich beobachtete wie … ja, wie ein Forscher, der darauf wartet, dass das Serum im Gehirn des Kapuzineräffchens wirkt.

Sekunden später fühlte ich die Bestätigung. Mein Mund wurde taub, die Zunge erschlaffte und ließ sich kaum noch bewegen. Panik stieg in mir auf. Meine eigene Frau hatte mich vergiftet, in aller Öffentlichkeit.

»Wa… wa…?«

»Keine Sorge.« Nicole drückte meine Hand auf den Tisch. »Es ist nicht gefährlich.«

»Wa…?«

»Die Pflanze betäubt nur deinen Mund. Du wirst etwa vierundzwanzig Stunden lang nicht richtig schlucken können. Ich dachte, das hilft dir, gegen die Fressgier anzukämpfen.«

»Uhh … uhh … ihhh …«

»Ich weiß, es ist nicht sehr angenehm. Doch im Nachhinein wirst du mir dankbar sein.«

Omma, die nebenan die Kaninchenrücken abgeladen hatte, war die rasante Verschlechterung meines Sprechvermögens nicht entgangen. Offenbar schlug sie in der Küche Alarm, denn ein besorgt wirkender Küchenchef eilte zu unserem Tisch. »Was hat er?« Die Frage galt Nicole. »Ist ihm nicht gut?«

»Halb so schlimm.« Nicole klimperte mit ihren Wimpern und schenkte dem Herdkünstler ein breites Lächeln. »Eine kleine allergische Reaktion. Ich habe oben im Zimmer ein Gegenmittel. Das kriegen wir schon hin.«

»Sollen wir nicht besser einen Arzt rufen?«

»Ach was. Das wäre völlig übertrieben.« Nicole stand auf und zog mich ebenfalls hoch. »Komm, Schatz. Wir gehen.«

Natürlich hätte ich mich losreißen und auf die Straße rennen können. Doch was wäre die Folge gewesen, wenn mich die Polizei brummend und grunzend aufgegriffen hätte? Vermutlich eine Nacht in der Ausnüchterungszelle oder gleich die Einlieferung in die Psychiatrie.

Nicole verabreichte mir eine in Wasser aufgelöste Tablette, die mich sofort in einen traumlosen Schlaf katapultierte. Zehn Stunden später erwachte ich wie aus einer Betäubung.

»Wie geht es dir?«, fragte Nicole.

»Mmpfh.«

Zum Frühstück trank ich Kaffee mit einem Strohhalm und etwas verquirltes Müsli mit einem anderen Strohhalm.

»Was machen wir heute?«, fragte Nicole munter. »Du darfst entscheiden.«

Ich nahm einen Zettel und schrieb: »Willingen. Skisprungschanze. Herrlicher Ausblick.«

Nicole nickte großzügig. »Warum nicht? Der Aufstieg wird deinen Kreislauf in Schwung bringen.«

Am Abend kam ich allein zurück. Ich bestellte ein rosa gebratenes Rinderfilet auf Bandnudeln mit Sommertrüffeln und ein großes Bier.

Leer kann auch grausam sein

Wetzlaff hatte den Kaffee auf. Er stand unter der Markise einer Bäckerei und starrte in den Regen. Eigentlich war der Regen kein Regen, sondern ein Weltuntergang. Wie aus einer voll aufgedrehten Dusche pladderte das Wasser auf die Fußgängerzone von Leer, kroch durch die geöffnete Vorderfront ins Innere der Bäckerei, schlängelte sich zu den Stehtischen und Hockern, auf die sich ein paar Einheimische geflüchtet hatten.

Wetzlaff zog heftig an seiner Zigarette und dachte an den Laster, der in der Autobahnabfahrt im Graben lag. Holger, der Idiot, hatte auf der regenüberspülten Straße die Kontrolle über den Zwanzigtonner verloren. Wie in Zeitlupe sah Wetzlaff die Böschung auf sich zukommen. Und dann kippte die Zugmaschine in den Graben. Keine Chance, aus eigener Kraft da rauszukommen.

Ihnen blieb nichts anderes übrig, als den Dicken anzurufen. Der Dicke hatte getobt, natürlich. Denn der Laster war voll mit Raubkopien, DVDs, CDs, Spielen, aus China importiert. In Leer sollte nur ein kleiner Teil abgeladen werden, der Rest war für Aurich und ein paar andere Käffer bestimmt. Der Dicke belieferte ganz Friesland.

»Und was sollen wir jetzt machen, Chef?«, hatte Wetzlaff gefragt, als der Dicke mal Luft holen musste.

»Du verschwindest. Es reicht, wenn sie Holgers Personalien aufnehmen.«

»Und wohin?«

»Was weiß ich?«, brüllte der Dicke. »Mach dich einfach vom Acker! Und wünsch dir, dass sich die Bullen nicht für die Ladung interessieren. Sonst dürft ihr mir jeden einzelnen Euro ersetzen.«

Es war zwecklos, mit dem Dicken zu diskutieren, ihm klarzumachen, dass der Laster weggerutscht war, weil es hier erbärmlich goss, und dass er, als Beifahrer, schon gar nichts dafür konnte, was Holger mit dem verdammten Truck anstellte.

Wetzlaff hatte Holger, der blass hinter dem Lenkrad hing, auf die Schulter geklopft und sich zu Fuß nach Leer durchgeschlagen. Schon nach hundert Metern war er nass bis auf die Haut gewesen. Sobald dieser verfluchte Regen aufhörte, würde er sich neue Sachen kaufen.

Er warf die Zigarettenkippe auf die Straße und schaute sich um. Die beiden Verkäuferinnen in der Bäckerei gerieten zunehmend in Panik. Die eine, die aussah, als würde sie sich den ganzen Tag von Plunderteilchen ernähren, quatschte etwas von einem vollgelaufenen Keller in ihr Handy, während die andere mit einem Schrubber gegen das hereinströmende Wasser kämpfte.

Inzwischen hatte er zweimal mit Holger telefoniert. Die Bullen waren gekommen und eine Zugmaschine war auf dem Weg, um den Laster aus dem Graben zu ziehen. Alles im grünen Bereich, hatte Holger versichert. Es klang, als ob er sich selbst Mut machen wollte.

»Können Sie mir helfen?«

Wetzlaff war nicht ganz sicher, ob die Frau ihn meinte. Aber sie stand vor ihm, groß, schlank, mit nassen Haaren, lang und braun, einem Gesicht wie aus einem Hochglanzmagazin und Mandelaugen, die ihn anschauten, als hätte er den Körper von Brad Pitt oder die wundersamen Kräfte eines Jedi-Ritters. Wetzlaff registrierte, dass sie unter der dünnen Bluse einen BH trug. Alles andere wäre auch zu viel gewesen. Ohnehin hatte er Mühe, ein Wort herauszubringen.

»Wobei?«

»Mein Schiff läuft voll, die *Samoa*, und die Pumpe ist ausgefallen. Bitte, ich brauche jemanden, der mir hilft.«

Wetzlaff war zu sehr damit beschäftigt, sie anzustarren, als dass er einen klaren Gedanken fassen konnte. »Aber …«

»Die Feuerwehr kann nicht kommen, jede Menge Einsätze, bei dem Regen …« Sie machte eine Handbewegung, mit zierlichen Fingern, zu zart, um Wasser zu schöpfen.

Wetzlaff nickte. Er wollte nicht wissen, warum einer so schönen Frau ein Schiff auf der Ems gehörte, warum sie Kleider trug, die mehr nach Shopping auf einer Flaniermeile als nach Arbeit aussahen, warum es keinen Mann auf diesem Kahn gab, warum sie ausgerechnet ihn ausgesucht hatte, den kleinen Kriminellen aus Gelsenkirchen-Buer, Handelsreisender in illegalen Waren, Handlanger eines aufgeblasenen Wichtigtuers, der ihn schikanierte.

Es waren nur ein paar Schritte bis zur Ems. Über einen Holzsteg gingen sie an vertäuten Booten entlang. Die Frau lächelte. Sinnlich, erotisch, fand Wetzlaff. Er spürte, wie er eine Erektion bekam. Er hätte sie hier auf der Stelle vögeln können, im strömenden Regen, unter freiem Himmel, beobachtet von Schiffern und Möwen. Es hätte ihm nichts ausgemacht. Und den Zuschauern auch nicht. Vermutlich hätten sie vor Begeisterung applaudiert.

Die Frau fasste ihn am Arm. »Hier ist es.«

Samoa, so stand es an der Außenwand. Also hatte sie kein Märchen erzählt.

Wetzlaff sprang an Deck und streckte seinen Arm aus, um ihr zu helfen. Sie kam ein wenig ins Stolpern und lehnte ihren Kopf gegen seine Brust. Ein schwacher, süßer Geruch stieg ihm in die Nase. Einen Moment lang war er verwundert. Er hatte immer gedacht, dass solche Frauen überhaupt keinen Körpergeruch besaßen, oder höchstens einen, der nach *Chanel No 5* duftete.

»Da rein!« Die Frau zeigte auf eine Tür.

Wetzlaff stieg eine schmale, steile Treppe hinunter und betrat mit eingezogenem Kopf die Kajüte. Der Raum war kaum größer als fünfzehn Quadratmeter. Zwei Männer saßen auf fleckigen, gepolsterten Holzbänken. Sie trugen Jogginganzüge, Goldketten mit Anhängern und Pistolen.

»Setz dich, Arschloch!«, sagte der ältere der beiden. Er hatte einen russischen Akzent.

Eine Falle, dachte Wetzlaff und ärgerte sich darüber, dass ihm nur das einfiel, was sowieso offensichtlich war.

Er setzte sich auf die Kante der einen Holzbank.

Die Frau blieb an der Tür stehen. Als Wetzlaff zu ihr hinüberblickte, zuckte sie leicht mit den Augenbrauen. Eine kleine Geste der Entschuldigung, vielleicht auch nur ein Reflex.

»Das hier unser Revier«, sagte der Russe mit einer Betonung, als würde er einen Verfassungsartikel zitieren. »Dein Boss muss einsehen. Verstehst du?«

Sag ihm das doch selbst, wollte Wetzlaff vorschlagen, mich geht der ganze Scheiß nichts an, ich bin der, der für eine Fahrt ein paar Scheine rübergeschoben bekommt. Stattdessen nickte er.

»Wir haben Bullen Tipp gegeben«, fuhr der Russe fort. »Der Lkw …«, er machte mit der linken Hand eine Kopf-ab-Bewegung, »… weg. Du bald auch weg. Dein Boss muss bluten.«

Der Dicke würde ihm keine Träne nachweinen. Der Verlust des Lasters, ja, der würde ihn schmerzen. Aber Fahrer wie er ließen sich problemlos ersetzen. Da machte sich Wetzlaff keine Illusionen.

»Siehst du, was ich meine?«, fragte der Russe.

»Ich sehe, dass Sie sich irren. Glauben Sie wirklich, mein Boss interessiert sich einen Dreck dafür, was mit mir passiert? Der ist so sentimental wie ein Holzpfosten.«

Der jüngere Russe lachte laut und bellend, bevor er aufstand und Wetzlaff eine ansatzlose Rechte ins Gesicht schlug.

»Mein Freund«, sagte der ältere gütig, »hat keinen Sinn für Humor. Verstehst du?«

Wetzlaff schmeckte Blut, das aus der aufgeplatzten Oberlippe lief. »Verstehe.«

»Wir machen dich nicht sofort alle. Dein Boss soll hören, wie du schreist.« Ein Lächeln breitete sich auf dem Gesicht des Russen aus. »Wie du um dein Leben winselst. Verstehst du?«

Wetzlaff war immer noch zu überrascht, um Angst zu empfinden. Und das dauernde ›Verstehst du?‹ ging ihm gehörig auf den Keks. Aber er verkniff sich eine entsprechende Bemerkung, weil er den Jüngeren nicht ermuntern wollte, seine Faust ein zweites Mal zu benutzen.

Sie brachten ihn in einen noch kleineren Nebenraum, in dem sich auf beiden Seiten jeweils zwei Kojen übereinander befanden, und legten ihn mit auf dem Rücken gefesselten Armen und Beinen in eine der oberen Kojen.

Obwohl das Seil in seine Handgelenke schnitt und schon nach kurzer Zeit einen heftigen Schmerz verursachte, ging Wetzlaff die Ironie der Situation nicht aus dem Kopf: Da traf er die Frau seiner Träume und bezahlte dafür mit dem Leben.

Wenigstens blieb ihm nicht viel Zeit für die Enttäuschung, die sowieso gekommen wäre. Traumfrauen gab es nicht, nicht für ihn jedenfalls. Für die Reichen und Schönen, meinetwegen. Aber nicht für Typen wie ihn. Er hätte es wissen müssen. Er hatte es ja auch gewusst, aber für einen kurzen Augenblick den Verstand ausgeschaltet und an ein Wunder geglaubt.

Nebenan wurde russisch geflucht, dann fielen Schüsse. Wetzlaff zählte mit. Fünf. Ein anklagender Aufschrei und noch ein Schuss.

Der Dicke, dachte Wetzlaff zuerst. Aber das war unmöglich. Seit er das Schiff betreten hatte, waren kaum mehr als dreißig Minuten vergangen. Nicht mal mit einem Hub-schrauber hätte der Dicke so schnell in Leer sein können.

Die Traumfrau kam herein und raspelte die Fesseln mit einem Küchenmesser auf. Dann beugte sie sich über ihn und küsste ihn auf den Mund. Ein stechender Schmerz zuckte durch die aufgeplatzte Oberlippe, doch um nichts in der Welt hätte Wetzlaff den Kopf abgewandt.

»Komm!«

Nur ›Komm!‹, kein Wort der Erklärung oder des Trostes.

Wetzlaff musste einige Male aufstampfen, bis er seine Fü-ße spürte. Staksig wie ein arthritischer Greis folgte er der Frau durch die vordere Kajüte. Die beiden Russen lagen auf dem Boden. Der ältere hatte drei Einschusslöcher in der Brust, der jüngere zwei, dafür ein weiteres in der Stirn. Um sie herum jede Menge Blut.

»Wer?«, fragte Wetzlaff.

»Mein Freund«, antwortete die Frau, als habe er sich er-kundigt, wo man die beste Pizza bestellen könne. »Er hat es mir zuliebe getan.«

Halb betäubt stolperte Wetzlaff hinter ihr her, von Bord, durch den unbeirrt fallenden Regen, der ihm nichts aus-machte, zurück in die menschenleere Fußgängerzone.

Plötzlich blieb sie stehen. »Wie heißt du?«

»Wetzlaff.«

»Nur Wetzlaff?«

»Norbert. Norbert Wetzlaff.«

»Norbert, willst du mir helfen?«

»Beim letzten Mal …«

»Beim letzten Mal wurde ich gezwungen«, unterbrach sie ihn. »Diesmal bitte ich dich wirklich. Du musst sagen, die beiden haben dich auf ihr Boot gelockt. Das ist ja nicht mal gelogen. Sie haben dich bedroht, du bist an eine Pistole ge-kommen …«

»Welche Pistole?«

»Egal. Irgendeine, die dort herumlag.«

»Und was habe ich mit ihr gemacht?«

»Du hast sie in die Ems geworfen, nachdem du die Russen erschossen hast.«

»Aber …«

»Man wird dir glauben, dass es Notwehr war. Die beiden sind Schweine. Du hast nichts zu befürchten, Norbert. Im Gegenteil: Sie werden dich als Helden feiern.«

Sie steckte ihm ein Handy in die Innentasche seiner Jacke. »Ich muss weg. Ich rufe dich an.« Von fern waren Polizeisirenen zu hören.

Wetzlaff wollte mit ihr reden, nur reden. Aber sie war schon weg. Er taumelte auf eine breitere Einkaufsstraße, ebenfalls menschenleer. Wieso kaufte niemand ein? Wo waren die Menschen, die normalerweise die Innenstadt bevölkerten?

Hundert Meter entfernt stand ein Polizeiwagen quer auf der Straße. Das Handy in der Innentasche seiner Jacke klingelte. Wieder dachte Wetzlaff zuerst an den Dicken und Holger. Doch dann fiel ihm ein, dass ihm die Russen sein Handy abgenommen hatten. Es konnte nur die Traumfrau sein. Sie hatte ihm nicht mal ihren Namen verraten. Wenigstens den Namen musste er wissen. Er griff mit der Hand unter die Jacke und zog das Handy heraus.

Im Polizeibericht hieß es später, es habe so ausgesehen, als hätte der Verdächtige eine Waffe in der Hand gehabt. Deshalb sei den Beamten vor Ort kein Vorwurf zu machen, dass sie das Feuer eröffnet hätten. Daran ändere auch die Tatsache nichts, dass der aufgrund von fünfzehn Schussverletzungen auf dem Weg ins Krankenhaus verstorbene Norbert W. zum Zeitpunkt des Schusswechsels unbewaffnet gewesen sei. Die Ermittlungsbehörden gingen davon aus, dass W. die Tatwaffe, mit der er die international gesuchten Verbrecher

Wladimir K. und Boris J. erschossen habe, nach der Tat in die Ems geworfen habe. Die Suche nach der Waffe, die bis jetzt erfolglos geblieben sei, werde fortgesetzt.

Der Kaplan klebt Pappplakate

Als der Kaplan gerufen wurde, war der Mann schon tot. Mit fünf Kugeln in der Brust kann man nicht lange überleben. In der kleinen Wohnung im Wohnblock am nördlichen Stadtrand standen sich die Polizisten auf den Füßen. Leute von der Spurensicherung arbeiteten neben Mitgliedern der Kommissariate für Gewaltdelikte und Organisierte Kriminalität.

Der Kaplan stieg in einen blauen Schutzanzug und streifte sich Latexhandschuhe über, bevor er den Raum betrat, in dem der Tote lag. Der Mann hieß Mladen Tadic. Der Kaplan kannte ihn. In den letzten Jahren hatte er mehrfach versucht, Tadic ins Gewissen zu reden. Ohne Erfolg.

»Ich fürchte, seine Seele wird lange in der Hölle schmoren.«

Die junge Kriminalbeamtin, die neben der Leiche hockte und die Innentaschen des blutverschmierten Sakkos untersuchte, schaute auf. »Hallo, Chef!«

Der Kaplan nickte. Die Augen hinter der Goldrandbrille ließen keine Gefühlsregung erkennen. »Weiß man schon, was Tadic hier gemacht hat?«

»Geschäfte vermutlich«, sagte die Beamtin. »Als Mieter ist ein Frank Schuster eingetragen. Aber tatsächlich gewohnt hat hier wohl niemand. Alles steril. Weder Kleidung noch persönliche Gegenstände. Anscheinend wurde die Wohnung genutzt, um Dinge oder Personen zwischenzulagern.«

Der Kaplan nickte erneut. Tadic war Chef einer Bande von Osteuropäern gewesen, die mit allem handelte, was eine überdurchschnittliche Rendite abwarf: Drogen, Waffen, Frauen, Beutegut und Erpressung. Zumindest hatte es zahlreiche Hinweise gegeben, die auf Tadic als Kopf der Geschäfte deuteten. Beweisen konnte man dem Mann aus Belgrad allerdings nichts. Die kleinen Fische, die erwischt wurden, hielten den Mund. Und Tadics eigene Läden, der Table-dance-Schuppen im Rotlichtviertel und die drei Restaurants, die auf seinen Namen liefen, waren sauber. Razzien hatten ebenso wenig erbracht wie das Abhören seiner Telefone. Tadic war vorsichtig. Bis heute.

Die Kripofrau richtete sich auf. »Wahrscheinlich ist es zu einem Streit zwischen Tadic und seinem Geschäftspartner gekommen. Der Geschäftspartner oder sein Leibwächter zieht eine Pistole …«

»Tadic wäre nicht allein zu einer solchen Verabredung gekommen.«

Sie zuckte mit den Schultern. »Offenbar ist sonst niemand verletzt worden. Wir haben nur Blut von Tadic gefunden.«

»Ich rede mit Pappe«, sagte der Kaplan.

Seit wann Hauptkommissar Dietmar Lotze, Chef des Kommissariats Organisierte Kriminalität, Kaplan genannt wurde, konnten nicht einmal die älteren Beamten im Polizeipräsidium sagen. Der Spitzname war so einleuchtend, dass er von allen Neuen übernommen wurde. Lotze trug stets einen schwarzen Anzug, darunter im Winter wie im Sommer einen schwarzen Pullunder über einem weißen Hemd, dessen Kragen so weit herausragte, dass er wie ein Beffchen aussah. Wenn Lotze redete, verwendete er nicht nur in jedem fünften Satz ein Bibelzitat, er faltete auch wie beiläufig seine Hände. Er rauchte nicht, trank niemals Alkohol und die Vorstellung, dass er mit einer Frau im Bett liegen könnte, war ein garantierter Lacher bei jedem gemeinsamen Kneipenausflug seiner Untergebenen. Der Legende nach hatte er vor seiner Polizeikarriere zwei Semester Theologie studiert. Aber die Geschichte passte so faustgenau auf Lotzes Profil, dass sie auch erfunden sein konnte.

Der Kaplan traf Pappe in einer kleinen heruntergekommenen Bar, die hauptsächlich von Schauspielern und Menschen, die mal Schauspieler sehen wollten, besucht wurde. Die Bar lag außerhalb von Pappes Revier, soweit man noch von einem Revier reden konnte. Pappe war mal eine große Nummer in der Unterwelt gewesen, er hatte zwei Bordelle und ein mehr oder weniger seriöses Hotel besessen. In der Zeit vor den Albanern, Serben, Rumänen, Russen und Ukrainern. Als man Streitigkeiten zuerst mit Worten und dann erst mit Messern und Pistolen austrug. An den neuen Stil hatte sich Pappe nicht gewöhnt. Männer, die Emotion für ein Aftershave hielten und ohne jegliche Hemmung töteten, waren ihm suspekt. Und irgendwann lag er selbst mit einer punktierten Lunge auf der Intensiv und diskutierte mit weißen Geistwesen über den Sinn des Lebens. Danach hatte er beschlossen, aus dem Geschäft auszusteigen. Fast vollständig. Die paar Frauen, die noch für ihn arbeiteten, taten das aus reiner Anhänglichkeit. Was ihm die Polizei für seine Informantentätigkeit bezahlte, war ein kleines Zubrot obendrauf.

Pappe hob das Glas Single Malt und grinste von der einen Seite seines hochgedrehten Schnurrbarts bis zur anderen.

Der Kaplan lächelte nicht. Er lächelte nie. »Tadic ist tot.«

»Hab's gehört.«

»Auch wer's war?«

»Nein, aber es ist nicht schade um den Scheißkerl.«

»Denkt nicht, ich sei gekommen, um das Gesetz und die Propheten aufzuheben.«

»Scheiß auf das Gesetz und die Propheten.«

»Lästere nicht, Pappe! Wer auch nur eines von den kleinsten Geboten aufhebt, der wird im Himmelreich der Kleinste sein.«

»Erzähl mir nichts vom Himmelreich. Ich habe rübergeguckt und ich sage dir, es lohnt den Aufwand nicht.«

»›Du sollst nicht töten ist‹ eines der größeren Gebote. Es steht nicht geschrieben, dass es darauf ankommt, ob der Getötete gut oder böse war. Vor dem Gesetz ist jeder Mensch gleich. Und vor mir auch. Ich will wissen, wer Tadic getötet hat. Falls jemand sein Geschäft übernimmt, möchte ich ihm mit Handschellen gratulieren.«

»Ich habe keine Ahnung, Kaplan. Das letzte Mal, als ich Tadic begegnet bin, stand er direkt hinter mir und meine Hosen hingen auf den Knien. Es war nicht das, was ich unter Spaß verstehe.«

Der Kaplan nahm einen Schluck von seinem kohlensäurefreien Wasser. »Wann war das?«

»Vor über einem Jahr.«

»Du könntest dich umhören.«

»Ich könnte meine verdammten Ohren in Sicherheit bringen.«

»Es sind mehr als dreißig Silberstücke für dich drin.«

»Wie viele?«

Der Kaplan ließ seinen Blick durch den Raum schweifen. »Zwanzigtausend.«

Pappe stieß einen leisen Pfiff aus. »Meine Fresse! Tadic ist nicht mal kalt und ihr spuckt schon einen Lottogewinn aus. Was ist so wichtig an diesem Balkan-Typen?«

»Sei nicht kleingläubig, Pappe! Vertrau mir einfach!«

Tadics ehemaliges Reich begann in einer kleinen Seitenstraße. Das Gegröle der Männergruppen wurde nicht leiser und die Neonreklamen leuchteten keinen Tick gedämpfter. Trotzdem kam es Pappe so vor, als hätte er eine unsichtbare Grenze überschritten. Er war im Feindesland. Wie ein Kundschafter hinter der gegnerischen Front, wie ein Pinguin auf einer Robbeninsel. Von jetzt an segelte er auf eigene Rechnung. Es gab niemanden, der ihn beschützte. Nicht einmal der Kaplan hatte genügend Macht, sich um jedes verirrte Schaf zu kümmern.

Die Türsteher ignorierten ihn. Sie erkannten, dass er einer von ihnen war. Das Goldkettchen am Hals, die Rolex am Handgelenk, die hochtoupierten lockigen Haare, der gezwirbelte Schnauzer – Pappe sah aus wie ein Zuhälter aus den beschissenen Achtzigerjahren, nur ein bisschen abgefuckter.

Zum Glück stand Mike vor dem *Michelle*. Der gute alte Mike. Hatte auch mal bessere Tage gesehen.

»Was ist los?«, knurrte Mike mit einer Reibeisenstimme, die ein Pferd zum Scheuen gebracht hätte. »Bist du so tief gesunken, dass du zahlen musst, um dir ein paar Hühner anzusehen?«

»Konkurrenzbeobachtung.« Pappe zwinkerte. »Nachdem Tadic auf der ewigen Spielwiese ist, könnte einiges in Bewegung geraten.«

Mike schaute ihn erstaunt an. »Ich dachte, du bist raus aus dem Geschäft.«

»Eigentlich schon. Aber ich kenn da jemanden, der einsteigen will. Bin sein Berater, verstehst du? Und dazu muss ich wissen, wer jetzt das Sagen hat.«

»Ist ungesund, zu viel zu wissen. Ich halte mich an den Mann, der mich bezahlt. Solange die Kohle stimmt, ist mir alles andere egal.«

Zwei Männer tauchten hinter Pappe auf und hakten sich bei ihm ein, als hätten sie einen alten Bekannten getroffen.

Der Mond hing schief am Himmel. Aber das war sein geringstes Problem. Pappe kam sich vor wie in einem Strudel, der in den Abguss gerissen wurde. Sein Herz holperte, als wäre ein Formel-1-Wagen auf einem Waldweg unterwegs. Sie hatten einen verfluchten Elektroschocker eingesetzt. Danach war er seinen alten Freunden, den weißen Geistwesen, begegnet. Der Kaplan würde sie wahrscheinlich Engel nennen. Engel, die ihm erzählten, was für ein dreckiges Leben er führte. Er wollte das nicht hören. Er wollte auch nicht an der Decke hängen wie eine Schweinehälfte oder ein geköpftes Hühnchen.

Pappe spürte den Schweiß, der ihm über das Gesicht lief. Die Schwärze der Wand machte ihn fertig. Die Schwärze, die ihn aufsaugte. Die Wand, auf der ein schiefer Mond und einige Sterne klebten. Eine vergessene Deko, die in einem Keller vermoderte. So wie er.

Männerstimmen, die sich näherten. »Eckehard von Pappritz«, lachte einer der Männer. Kein Akzent. »Der Typ ist ein echter Adeliger. Kannst du dir das vorstellen? Ein Adeliger als Zuhälter und Spitzel.«

Pappe schloss die Augen.

»Wo ist Lotze?«, fragte Hauptkommissar Werner Kambach, der als Chef des Kommissariats für Gewaltdelikte zusammen mit Dietmar Lotze die Sonderkommission im Fall Tadic leitete. Der Kaplan war nicht zum vereinbarten Besprechungstermin im Sitzungsraum des Polizeipräsidiums erschienen.

»Der Kaplan klebt Pappplakate«, sagte die junge Beamtin aus Lotzes Abteilung.

Von den zwanzig Beamten, die rund um den Konferenztisch saßen, zogen die meisten wissend die Augenbrauen hoch. Die anderen kaschierten ihre Unkenntnis, indem sie in ihren Unterlagen blätterten. Nur ein frischgebackener Absolvent der Polizeihochschule nahm seinen Mut zusammen.

»Entschuldigung, muss man wissen, was das heißt?«

»Vom Kaplan haben Sie bestimmt schon mal gehört«, sagte Kambach mit gereiztem Unterton.

»Schon. Aber …«

»Pappe ist einer von Kaplans Informanten aus dem Milieu.«

»Der seit gestern verschwunden ist«, ergänzte die Beamtin.

»Und warum Plakate kleben?«

»Das heißt in unserem Jargon, dass wir nach jemandem suchen, uns umhören«, erklärte die Beamtin. »Unterhalb der offiziellen Fahndung, um den Betreffenden nicht zu gefährden. Pappe ist normalerweise sehr zuverlässig. Deshalb ist der Kaplan etwas beunruhigt.«

»Ihr mit euren Spitzeln«, sagte Kambach ungehalten. »Ich verstehe nicht, warum ihr euch mit diesen Kriminellen abgebt.«

Die Beamtin bekam einen roten Kopf. »Weil wir sonst nicht an die Hintermänner herankommen.«

»Und was habt ihr über Tadic herausgefunden?«

»In dem Fall …«

»Sehen Sie!«, unterbrach Kambach. »Das meine ich.«

»… ist es genauso schwierig wie bei der Mafia«, sagte die Beamtin mit Nachdruck. »Die Osteuropäer umgeben sich mit Leuten aus der Heimat, die sie seit ihrer Jugend kennen. Fremde kommen nicht in die Nähe der Bosse.«

»Was hast du dem Kaplan erzählt?«, fragte die Stimme an Pappes Kopf.

»Nichts. Gar nichts.«

»Und was hat der Kaplan dir erzählt?«

»Auch nichts.«

Pappe fühlte seine Arme nicht mehr. Sie waren taub, wie abgestorben.

»Denkst du, du kannst uns verarschen?«

»Nein.«

Er bekam einen Schlag vor den Kopf.

»Scheiße! Ich gebe dem Kaplan manchmal Tipps, okay? Ich sollte meine Ohren aufstellen, wer nach Tadics Tod das Rennen macht. Weit bin ich nicht gekommen. Nur bis zu euch zwei Arschgeigen.«

Ein erneuter Schlag.

Sie nahmen ihn vom Haken. Die Beine konnten ihn nicht halten. Er knallte mit dem Kopf auf den Boden und fraß Staub. Sie zerrten an ihm herum, bis er auf einer Bank lag. Ein muffiger Jutesack wurde ihm über den Kopf gezogen.

Dann Wasser. Pappe bekam keine Luft mehr.

»Fällt dir jetzt etwas ein?«

»Was soll diese Kacke?« Pappe gurgelte. »Ich rede doch.«

»Zu wenig.«

Der feuchte Jutesack rutschte wieder über seine Augen.

»Nein! Wartet, Jungs! Hört zu, ich mach euch ein Angebot: Ich krieg alles aus dem Kaplan raus, was ihr wissen wollt. Er ist ein Kumpel von mir. Ehrlich, er vertraut mir. Sagt mir nur, um was es geht.«

Falls er hier lebend rauskäme, würde er rennen, so schnell und so weit wie möglich. Nur weg. Alle Brücken abbrechen. Sich in irgendeinem beschissenen Loch in Thailand vergraben. Den ganzen Tag Reis essen. Und hoffen, dass sich niemand an ihn erinnerte.

»Wir sollen dich laufen lassen?«

»Ich gebe euch mein Wort.«

»Witzig. Sehr witzig.«

Der Sack. Wasser. Pappe erstickte.

»Ich habe euch gesucht.« Mikes Reibeisenstimme.

»Was willst du?« Einer der Männer, ziemlich sauer.

»Nichts für ungut, aber …«

Getrampel und Gebrüll. Mehrere Schüsse. Pappe machte sich flach, atmete Wasser.

Der Sack wurde weggezogen. Kaplans strenger Blick. »Wie geht's dir?«

»Ich habe mir in die Hose gemacht.«

»Du kannst dir eine neue kaufen.«

»Zwanzigtausend sind viel zu wenig für diesen Scheiß hier.«

»Sei nicht undankbar, Pappe!«

»Wie hast du mich gefunden?«

»Ich habe dich nie verloren. Ich war die ganze Zeit in deiner Nähe.«

Pappe richtete sich auf. Es stank ekelhaft.

»Du hast gewusst, dass die mich fertigmachen, und nichts unternommen, um mir zu helfen?«

»Ich habe nicht gewusst, wie groß der Kelch sein würde, den du trinken musstest.«

»Es war kein Kelch, sondern ein verfluchter Sack.«

»Sieh es als Sühne für dein bisheriges Leben an.«

Pappe schüttelte seine Arme. Der Raum war voller Polizisten. Die Männer, die ihn gefoltert hatten, lagen auf dem Boden. Aus einem quoll Blut. »Was sind das für Typen? Haben perfekt Deutsch gesprochen.«

»Ehemalige Soldaten«, sagte der Kaplan. »Eliteeinheit. Einsätze im Ausland. Afghanistan, Bosnien. Wie mein Kollege Kambach. Der war drei Jahre Aufbauhelfer in Bosnien. Als er zurückkehrte, hat er sich eine protzige Villa gebaut. Das hat mich stutzig gemacht.«

»Ein Kollege von dir?« Pappe rieb seine Handgelenke.

»Hat wohl in Bosnien neue Freunde gefunden. Freunde, denen er den Einstieg in die hiesigen Geschäfte erleichtern wollte. Ich habe mich gefragt, wer Tadic dazu gebracht haben konnte, sich allein und ohne Rückendeckung in die Wohnung zu begeben, in der er erschossen wurde. Vor wem hätte sich Tadic nicht gefürchtet?«

»Vor einem Polizisten«, sagte Pappe.

Der Mann, aus dem Blut gequollen war, bewegte sich nicht mehr.

»Lass die Toten ihre Toten begraben!«, sagte der Kaplan.

Mord im Samba-Express

Nele schaute auf ihre Uhr. In fünf Minuten sollte der Samba-Express eintreffen. Der Zug stand auf keinem Fahrplan der Deutschen Bahn. Wer mit ihm fahren wollte, musste im Reisebüro buchen, als Verein, Club oder partysüchtige Gruppe.

Vor zwei Monaten war Nele in den *FKC Krefeld* eingetreten, den Frauenkegelclub. Obwohl sie nie zuvor in ihrem Leben gekegelt hatte. Aber als Einzelreisende wäre sie aufgefallen. Und für das, was sie vorhatte, musste sie untertauchen, verschwinden in der Masse der Tanzzugreisenden.

»Hey, was ist mit dir?«

»Was?« Nele schreckte aus ihren Gedanken auf.

Yvonne, die Zahnarzthelferin, stand vor ihr. »Du guckst so nachdenklich. Hast du keine Lust auf die Reise?«

»Doch. Natürlich. Ich habe nur überlegt, ob ich meiner Katze genug zu Fressen hingestellt habe.«

»Du musst Krefeld vergessen«, riet Yvonne. »Wir machen drei Tage Party. Norderney, Meer, Discos …«, Yvonne klimperte mit den Augen, »… Männer.«

»Klar. Machen wir.« Nele zauberte ein Lächeln auf ihre Lippen. »Sobald wir im Zug sind, bin ich dabei.«

Die Frauen ihres Clubs, die um sie herumstanden, waren bereits bester Laune. Alle trugen rote T-Shirts mit dem Vereinslogo auf der Brust. Einige hatten zusätzlich ihre Handynummer auf den Rücken drucken lassen. Für den Fall, dass die Männer zu schüchtern waren, sie direkt anzusprechen.

Tanja und Nicole prosteten sich gerade mit Piccolos zu. Für Getränke war reichlich gesorgt. Neben dem Sekt hatten sie ein paar Kartons mit Schnapsfläschchen eingepackt.

Nele griff in die Handtasche und tastete nach ihren

Fläschchen. Die meisten waren mit Tee gefüllt. Für das, was sie beabsichtigte, musste sie einen klaren Kopf bewahren. Nur in einem Gefäß steckte ein ganz besonderer Saft. Speziell für *ihn*. Sein letzter Drink, sozusagen.

Der Samba-Express war schon von Weitem zu hören. Laute Disco-Musik drang aus den geöffneten Fenstern, als der Zug am Bahnsteig stehen blieb. Nele nahm ihr Gepäck. Jetzt gab es kein Zurück mehr.

Nachdem Nele ihren Koffer abgestellt hatte, ging sie zum Tanzwagen. Die meisten Frauen ihres Kegelclubs machten es sich im Abteil bequem, packten ihre Essensvorräte und Getränke aus. Aber Nele war nicht nach Small Talk zumute. Sie wollte den Zug erkunden.

Für ihr Vorhaben musste sie wissen, wo *er* sich aufhielt, ob sie ihn allein erwischen konnte. Denn Zeugen durfte es keine geben. Das war ja das Geniale an ihrem Plan: ein Mord inmitten von zweihundertfünfzig Menschen. Und niemand würde etwas bemerken.

Aus den Lautsprechern im Tanzwagen dröhnte *Du hast mich tausend Mal betrogen* von Andrea Berg. Nele konnte sich ein wehmütiges Lächeln nicht verkneifen. Ja, das war der richtige Song. Sozusagen ihre Hymne.

Was war sie doch für eine dumme Gans gewesen, damals, in Ostende, fast ein Jahr war das jetzt her. Sie hatte die Fähre verpasst und er hatte sie eingeladen. Zuerst ins Restaurant und dann in sein Hotel. Was für eine wunderbare Nacht! Die Nacht der Nächte.

Am nächsten Morgen hatte er von Liebe geredet. Und sie hatte ihm geglaubt, jedes einzelne Wort. Dass sie ihn nur auf dem Handy anrufen konnte, dafür gab es gute Gründe, er war eben viel unterwegs. Auch dass es mit den Treffen bei ihm zu Hause nie klappte, weil immer etwas dazwischenkam, nahm sie ihm ab. Einmal musste er für einen Kollegen einspringen, ein anderes Mal seine kranke Mutter besuchen.

Aber dann häuften sich die Telefongespräche, bei denen er kurz angebunden war und sie abwimmelte. Da war sie misstrauisch geworden. Sie hatte sich in den Zug gesetzt und war in seine Stadt gefahren, mit einer Perücke, Kleidern, die sie sonst nie tragen würde, und einer großen Sonnenbrille. Sie hatte seine Wohnung beobachtet und entdeckt, dass er sowohl verheiratet als auch Vater von zwei Kindern war.

Sobald er aus dem Haus ging, nahm er seinen Ehering ab. Nele hatte keinen Zweifel, was das bedeutete: Sie war nicht die Erste und würde nicht die Letzte sein, der er den Schmu von der großen Liebe erzählte.

Du hast mich tausend Mal betrogen. Ja, dachte Nele, und das war genau ein Mal zu viel. Heute würde damit Schluss sein.

Sie bekam einen Stoß in die Seite und merkte, dass sie wie ein Fremdkörper auf der Tanzfläche herumstand. Das war dumm von ihr. Sie durfte nicht auffallen. Also ging sie zur Theke und bestellte ein Radler.

Als der Barmann den Becher vor ihr abstellte, schaute sie zur Tür. Und genau in diesem Moment kam *er* herein.

Nele schaute ihm direkt in die Augen. Sie war sicher, dass er sie nicht erkennen würde. Sie hatte es ausprobiert. Vor einigen Tagen war sie mit ihrer Blondhaarperücke, der dick aufgetragenen Schminke und der Hornbrille, die sie trug, seitdem sie in den Kegelclub eingetreten war, ganz dicht an ihm vorbeigegangen. Er hatte sie nicht erkannt, nur mit einem abschätzigen Blick gemustert. Als Brillenschlange war sie nicht sein Typ. Nun, das würde die Überraschung umso größer machen.

Cowboy und Indianer von Olaf Henning klang jetzt aus den Boxen. Auf der Tanzfläche wurde es hitziger. Eine Gruppe von Männern trug T-Shirts mit der Aufschrift *Geh doch zu Hause, du alte Scheiße!* Auch so ein Hit.

Nele verfolgte mit den Augen, wie *er* sich durch das Gewühl kämpfte. Der Mann ihrer schlaflosen Nächte trug kein T-Shirt. Schmuck sah er aus in der blauen Montur. Nele hatte eine Schwäche für Männer in Uniform. Damit hatte er sie rumgekriegt. Auch wenn er nur ein Schaffner war, ein Schaffner der Deutschen Bahn.

Er hatte ihr von den Tanzfahrten erzählt, zu denen er verpflichtet würde, weil ja jemand den Zug kontrollieren müsse, auch wenn der einem Privatunternehmen gehöre. Und wie schrecklich das sei, als einziger Nüchterner unter Hunderten von Betrunkenen.

Nun, er machte nicht den Eindruck, als würde er leiden. Eine Frau baute sich vor ihm auf und schwenkte ihre Hüften. Offensichtlich war Nele nicht die Einzige, die auf Männer in Uniform stand.

Mit einem breiten Grinsen im Gesicht schob er die Frau zur Seite. Wie zufällig legte er dabei seine Hand auf ihre Taille. Wahrscheinlich plante er schon sein nächstes Abenteuer. Aber dazu würde es nicht mehr kommen. Sie würde das verhindern.

Nele setzte sich in Bewegung und folgte ihm mit einem Abstand von einigen Metern.

Fast hätte sie Yvonne übersehen, die sich bei ihr unterhakte.

»Hey, was machen wir heute Abend? Zuerst einen langen Strandspaziergang und dann … Disco?«

»Klar«, sagte Nele. »Schlafen können wir immer noch, wenn wir wieder zu Hause sind.«

Yvonne gab ihr einen Klaps auf die Schulter. »Das ist die richtige Einstellung.«

Nele musste sich beeilen, weil er bereits den Tanzwagen verlassen hatte. Aber sie kam gerade noch rechtzeitig, um zu sehen, wie er in einem Abteil verschwand. Ein Abteil, das er ganz für sich allein hatte.

Bingo, dachte Nele. Bis jetzt lief alles optimal.

Der Zug verlangsamte seine Fahrt. Bald würden sie in Geldern eintreffen.

Anna Kämper war beunruhigt. Die Frau aus dem Supermarkt ging ihr nicht aus dem Kopf. Sie hatte Martin nichts davon erzählt. Was für eine alberne Geschichte, hätte er bestimmt gesagt, die Frau ist doch verrückt.

Das hatte Anna anfangs auch gedacht. Aber wieso stimmte so vieles von dem, was die Frau erwähnt hatte?

Jetzt, wo Martin und die Kinder aus dem Haus waren, ließ Anna die Begegnung noch einmal in ihrem Kopf abspulen. Wie waren sie überhaupt ins Gespräch gekommen? Richtig, die Frau hatte sie angesprochen, vor der Theke mit Tiefkühlkost. Irgendeine Bemerkung über die vielen neuen Pizzasorten hatte sie gemacht und Anna war darauf eingegangen. Eigentlich völlig harmlos. Und dann hatte die Frau gesagt, dass sie Hellseherin sei. Das hatte Anna natürlich neugierig gemacht, obwohl sie nicht an solchen Hokuspokus glaubte. Nur zum Spaß hatte sie der Frau ihre Hand überlassen und die hatte ihr auf den Kopf zugesagt, dass sie Mutter von zwei Kindern sei. Gut, das traf sicher auf einen großen Teil der Frauen im Supermarkt zu. Aber dann kam der Hammer. Die Frau sagte: »Ich sehe, dass Ihr Mann bei der Arbeit Uniform trägt. Ist er Polizist?«

»Nein, er ist bei der Bahn«, antwortete Anna ohne nachzudenken.

»Richtig, es ist eine Bahnuniform.« Die Frau studierte intensiv ihre Handlinien. »Oh, da sehe ich noch etwas. Ihr Mann betrügt sie.«

»Unsinn.« Anna wollte ihre Hand zurückziehen, doch die Frau hielt sie fest umklammert.

»Er übernachtet doch öfters auswärts.«

»Natürlich. Wenn er mit dem Zug am nächsten Tag zurückkommt.«

»Es wird ein böses Ende nehmen.« Endlich ließ die Frau Annas Hand los. »Schon sehr bald. Vielleicht schon morgen.«

Und dann hatte sich die Frau umgedreht und war verschwunden. Anna brauchte ein paar Minuten, bis sie wieder ruhig atmen und ihren Einkaufswagen zur Kasse schieben konnte. Die Frau war verrückt, keine Frage.

Doch jetzt, wo sie allein in der Wohnung saß, kam Anna noch ein anderer Gedanke: Was, wenn die Frau eine von Martins Affären war? Wenn sie sich an ihm rächen wollte?

Anna griff zum Telefon und wählte Martins Handynummer. Nach dem fünften Klingeln sprang die Mailbox an. Er hatte das Handy abgeschaltet oder der Akku war leer. Aber es gab noch eine Möglichkeit. Anna wählte eine Nummer in Goch.

Hannes Beimke stand auf dem Bahnsteig in Goch und ärgerte sich. Dabei hatte er sich noch vor einer Stunde ausgesprochen wohlgefühlt. Ein langes dienstfreies Wochenende lag vor ihm, er konnte Überstunden abfeiern, mal richtig ausspannen. Als er aufwachte, hatte er sich einen Plan für den Tag gemacht: zuerst gemütlich frühstücken, dann Gartenarbeit. Der Rasen musste dringend gemäht und das Unkraut gejätet werden. In Ruhe wollte er die Sache angehen, ohne Hast, ohne Hektik.

Doch dann kam der Anruf von Anna, seiner Schwägerin. Aufgeregt hatte sie ihm von der Verrückten im Supermarkt erzählt, von der angeblichen Morddrohung, von der Gefahr, in der Martin stecke. Beimke hatte versucht, Anna zu beruhigen, ihr den Verdacht auszureden. Nicht, dass er Martin für einen Engel hielt. Beimke traute ihm schon zu, mal eine Frau abzuschleppen. Martin war ein Typ, der nichts anbrennen ließ. Aber Rache einer Verflossenen? Gar Mord? Das war doch eine kranke Frauenfantasie, verursacht durch zu viele Fernsehkrimis.

Seine Argumente brachten rein gar nichts. Anna hatte weiter auf ihn eingeredet, ihn angefleht, schließlich angefangen zu weinen. Da hatte Beimke zugesagt, in den Samba-Express zu steigen und Martin zu warnen. Um des lieben Friedens willen. Und weil er Kripobeamter war. Zwar hatte er noch nie mit einem Mord zu tun gehabt, in Goch kam so etwas äußerst selten vor, aber für Anna war er der kompetenteste Mann weit und breit. Und der einzige, der sich auf so einen Quatsch einließ. Nun, dann sollte es so sein. Er würde bis zum nächsten Bahnhof mitfahren und anschließend wieder zurück. Mit etwas Glück würde er am Mittag wieder zu Hause sein.

Eine Gruppe von Frauen mit bunten Hüten und Luftballons wartete neben Beimke auf den Samba-Express, der gerade einlief. Typische Tanzzug-Reisende eben. Er dagegen, in seinem beigefarbenen Windblouson, sah aus wie die personifizierte Spaßbremse.

Ein korpulenter Mann um die fünfzig stieg aus dem Zug, stellte sich als Reiseleiter vor und wies der Frauengruppe den Weg. Der Mann trug einen blauen Pullover und ein Namensschild, auf dem nur *Jörg* stand. Nachnamen waren hier anscheinend verpönt.

Beimke zückte seinen Kripo-Ausweis.

Jörg wurde ein wenig blass. »Ist irgendwas passiert?«

»Wahrscheinlich nicht«, antwortete Beimke. »Ich möchte nur mit dem Schaffner reden.«

Jetzt war der Zeitpunkt gekommen. Nele würde Martin ansprechen. Sie freute sich schon auf den Moment, wenn er aus allen Wolken fallen würde.

Und dann wollte sie seine Überraschung ausnutzen, ihn überrumpeln mit dem Vorschlag, ein Fläschchen mit ihr zu trinken. Auf die guten alten Zeiten, ganz freundlich. Das konnte er ihr nicht abschlagen.

Nele ging auf sein Abteil zu und vergewisserte sich noch einmal, dass die Flaschen in ihrer Handtasche an der richtigen Stelle lagen.

Besonders das Fläschchen mit dem Extrakt des Roten Fingerhuts, das sie Martin in die Hand drücken wollte. Eine nette kleine Pflanze mit süßen und doch giftigen Blättern. Bis gestern hatte der Fingerhut an einer versteckten Stelle in ihrem Garten gestanden, jetzt war er weg – nur für den Fall, dass jemand auf dumme Gedanken kam.

Doch was war das? Aus dem Abteil drangen Stimmen. Martin unterhielt sich mit einem anderen Mann. Verdammt!

Mit abgewandtem Kopf schlenderte Nele ganz langsam an der geöffneten Abteiltür vorbei.

»Das ist der größte Blödsinn, den ich je gehört habe«, hörte sie Martin aufgebracht reden. »Warum sollte ich meine Frau …«

»Ob du das getan hast oder nicht, geht mich nichts an«, unterbrach ihn der andere, der ebenso wütend schien. »Anna hat mich gebeten, dich zu warnen. Und das habe ich hiermit getan.«

»Danke. Dafür hättest du nicht in den Zug steigen müssen.«

Nele verzog das Gesicht. Warum hatte sie der Versuchung nicht widerstehen können, dieses kleine verhuschte Etwas von Ehefrau anzusprechen? Die Nummer im Supermarkt war großartig gewesen, keine Frage. Noch Stunden danach hatte sie sich über das erschreckte Gesicht der Frau amüsiert. Aber anscheinend war Martins Gattin auf die richtige Idee gekommen. Zu dumm!

Nele blieb am Ende des Wagens stehen und dachte nach. Den Plan mit dem Giftfläschchen konnte sie vergessen, Martin würde sich an die Warnung erinnern. Sie musste sich etwas anderes einfallen lassen. Und den anderen Mann ablenken.

Sie sah, wie Martin und sein Freund zum Tanzwagen gingen.

Zwei Minuten später stand sie selbst inmitten des Trubels. Die Stimmung war merklich gestiegen, erste Pärchen hatten sich bereits in die Ecken verzogen.

Nele entdeckte Yvonne, die sich mit Tanja unterhielt, und zog sie am Arm. »Hey, weißt du, was ich gerade gehört habe? Da ist ein Typ, der dich toll findet.«

»Wer denn?«

»Der da drüben!« Sie zeigte auf den Mann im Windblouson. »Er hat zum Schaffner gesagt, dass er dich gerne kennenlernen würde.«

»Du spinnst«, protestierte Yvonne.

»Nein. Im Ernst. Du solltest ihn anquatschen, bevor es eine andere tut.«

Hannes Beimke hatte es geahnt – Martin hielt die Befürchtungen von Anna ebenso für Hirngespinste wie er selbst. Auch damit, dass Martin abstritt, jemals eine Affäre gehabt zu haben, hatte er gerechnet. Dass er ihm kein Wort davon glaubte, stand auf einem anderen Blatt. Jedenfalls hatte Beimke nicht vor, sich in einen Familienstreit einzumischen, das sollten Martin und Anna alleine klären. Er hatte seine Pflicht erledigt.

Der Kripomann lehnte an der Theke und schaute sich um. Da er nicht im Dienst war, hatte er sich ein Bier genehmigt. Eigentlich war es ja ganz nett hier. Am nettesten war allerdings die schlanke Dunkelhaarige, die neben ihm stand und ihn mit großen Augen anschaute. Sie heiße Yvonne, hatte sie gesagt, und sie arbeite als Zahnarzthelferin.

Und sie ist offensichtlich an dir interessiert, dachte Beimke.

Obwohl er nicht die Absicht hatte, das auszunutzen. Er war verheiratet und würde in Kleve aussteigen, daran gab es nichts zu rütteln. Aber es war schon ein angenehmes Gefühl, Eindruck auf eine hübsche Frau zu machen. Wenn er im Dienst mit Frauen zu tun hatte, wurde er zumeist beschimpft, von Trickbetrügerinnen, die alte Frauen ausraubten, oder von betrunkenen Ehefrauen, die ihre Männer verprügelten.

»Sind Sie immer so schüchtern?«

»Was?« Beimke war irritiert.

»Na, Sie haben doch gesagt, Sie würden mich gerne kennenlernen. Jetzt haben Sie die Gelegenheit.«

»Wem soll ich das gesagt haben?«

Yvonne verdrehte die Augen. »Dem Schaffner. Herrgott, sind Sie verklemmt! Okay, dann eben nicht.« Sie machte einen Schritt zur Seite.

»Warten Sie!« Beimke schnappte nach ihrem Arm und zog sie zurück. »Wer hat Ihnen das erzählt?«

»Eine Freundin. Lassen Sie meinen Arm los!«

Beimke zeigte ihr seinen Ausweis. »Ich arbeite bei der Kripo. Also sagen Sie mir bitte, wer die Freundin ist. Ich bin wegen eines bestimmten Verdachts hier.«

Yvonne starrte mit offenem Mund auf den Ausweis. »Sie heißt Marion Schmitz.«

»Was wissen Sie über sie?«

»Nicht viel. Sie ist erst vor Kurzem in unseren Kegelclub eingetreten.«

»Wie sieht sie aus?«

»Unscheinbar. Sie trägt so eine große Brille. Und eine Perücke. Blond. Wahrscheinlich hat sie irgendwelche Probleme mit den Haaren.«

»Wann haben Sie sie zuletzt gesehen?«

»Vor fünf Minuten.« Yvonne streckte ihren Finger aus. »Sie ist in diese Richtung gegangen.«

Hinter Martin her, dachte Beimke.

Nele setzte alles auf eine Karte. Sie hatte diesen Mord nicht monatelang geplant, diesen langweiligen Kegelclub und die ätzende Verkleidung ertragen, um jetzt einfach aufzugeben.

Auch wenn das Risiko, erwischt zu werden, viel größer sein würde. Das musste sie in Kauf nehmen. Martin sollte nicht davonkommen.

Ein Mann im Batman-Kostüm und eine Frau in bayrischer Tracht kamen ihr entgegen. Aber Nele hatte keinen Blick für das Pärchen, das sich köstlich zu amüsieren schien. Nele sah nur eins: Martin, etwa zehn Meter vor ihr.

Sie blieb an einer Zugtür stehen. Abgesehen von Martin war der Gang jetzt leer. Die Zugwagen gehörten zu einer älteren Generation, es gab noch Griffe, mit denen man die Türen öffnen konnte. Auch während der Fahrt – wenn man die Notbremse zog.

Und das tat Nele. Ein kreischendes Geräusch setzte ein. Der Zug bremste abrupt mit einem starken Schütteln. Nele klammerte sich an einem Handlauf fest und sah, wie Martin stolperte und gegen eine Wand knallte.

Dann zog sie am Türgriff. Es war schwer, sie musste sich mit einem Bein gegen die Wand stemmen, bevor sich die Tür ganz langsam öffnete. Aber sie schaffte es, der Spalt wurde breiter. Sie klemmte sich in den Spalt und drückte mit der Kraft ihres Körpers. Draußen flog die platte niederrheinische Landschaft vorbei, Wiesen, Kühe, ein paar Pappeln und Bauernhäuser.

Martin hatte sich aufgerappelt und kämpfte sich zur ihr vor. »Halt! Was machen Sie da?«

Nele beugte sich aus dem Zug, als wolle sie springen. Er sollte denken, sie habe die Absicht, Selbstmord zu begehen.

Und tatsächlich schnappte er nach ihrem Arm. »Tun Sie das nicht!«

»Was soll ich nicht tun?«, fuhr sie ihn an. »Denkst du wirklich, ich würde mich deinetwegen umbringen?«

Er war geschockt, vollkommen unfähig, sich zu bewegen. Das war der Moment, auf den sie gewartet hatte. Sie hob den Arm, um ihm einen Stoß zu geben. Goodbye, Martin!

Doch sie schlug ins Leere. Plötzlich stand der Mann im beigefarbenen Blouson neben ihr und riss Martin zurück.

Der Schwung der Bewegung schleuderte sie nach draußen. Mit der linken Hand hielt sie sich noch an der Tür fest, aber die gewaltigen Kräfte, die durch die Notbremsung ausgelöst wurden, zerrten an ihrem Körper. Sie musste loslassen. Und dann fiel sie.

Glück ab in Ahlen

Oberkommissarin Nursel Demirel tippte den Bericht über die alte Frau, die an ihrem Kronleuchter gehangen hatte. Zu wenig Rente, Parkinson im Anfangsstadium und ein Sohn, der sie zuletzt vor drei Jahren besucht hatte. Gründe genug, sich im Baumarkt einen stabilen Strick zu kaufen. Die zu Bruch gegangene Vase, die auf dem Wohnzimmertisch gestanden hatte, deutete darauf hin, dass sie im letzten Moment doch noch um ihr Leben gekämpft hatte. Leider zu spät.

Die breite Gestalt von Hauptkommissar Aldo Pirsich baute sich hinter Demirels Monitor auf. »Wir haben da einen toten Jungen. Sieht nach Unfall oder Selbstmord aus.«

»Ich bin hier noch nicht fertig«, sagte Demirel.

»Es geht um einen von deinen Leuten.«

Die Oberkommissarin schaute auf. »Was meinst du damit?«

»Der Junge ist Türke – also, ich meine türkischstämmig. Er hat einen deutschen Pass.«

»Also ein Deutscher.«

Aldo Pirsich verdrehte die Augen. »Stell dich nicht so an, Nursel! Du kannst bei so was besser mit der Familie reden.«

»Soll ich ein Kopftuch umbinden?«

»Es reicht«, sagte der Leiter des Kommissariats barsch. »Nimm Kai Austermann mit! Der kann von dir was lernen.«

Demirel speicherte den Bericht ab und stand auf. »Wo?«

Pirsich grinste. »Ahlen. Zeche *Westfalen*.«

Auch das noch. Ihr erster Fall bei der Mordkommission war in Ahlen gewesen. Ein Spielplatz neben einer Grundschule. Kinder hatten einen Mann gefunden. Enthauptet. Beim Anblick des abgesägten Kopfes im Sandkasten hatte sie in die Botanik gekotzt. Seitdem kicherten ihre Kollegen, wenn das Stichwort Ahlen fiel.

»Zeche? Die ist doch geschlossen.«

»Aber die Fördertürme stehen noch. Anscheinend ist das Gelände so etwas wie ein Abenteuerspielplatz für die Jugendlichen in der Umgebung.« Pirsich gab ihr einen Zettel mit Namen und Adresse. »Der Junge hieß Cem Ünel. Soll in der ehemaligen Zechenkolonie gewohnt haben.«

Ein leichter Nieselregen setzte ein, als die Oberkommissarin eine halbe Stunde später mit dem Dienst-Passat in die Hauptzufahrt Schacht I/II des Bergwerks *Westfalen* in Ahlen einbog.

»Sie kennen sich hier ja gut aus«, bemerkte Austermann.

»Ja«, sagte Demirel und deutete zu dem Polizisten, der vor der rot-weißen Schranke am alten Pförtnerhaus stand. »Zeigen Sie dem Mann Ihren Ausweis!«

Die Schranke wurde geöffnet und sie fuhren langsam weiter. Auf der linken Seite waren Bauarbeiter damit beschäftigt, die alte Lohnhalle der Zeche in einen modernen Gewerbekomplex zu verwandeln, rechts ragten die beiden grünen Fördertürme aus der trostlosen braunschwarzen Zechenbrache. Drei Streifen- und ein Leichenwagen parkten am ersten Förderturm.

Ein Uniformierter, der sich als Oberkommissar Schmidt vorstellte, kam ihnen mit zwei Schutzhelmen entgegen. »Ist Vorschrift. Hier gammelt ja alles vor sich hin.«

Schmidt musterte Demirel kurz und wandte sich dann an Austermann: »Ein Bauarbeiter hat den Jungen heute Morgen gefunden. Der Arzt sagt, dass er seit circa zwölf Stunden tot ist. Vermutlich ist er auf dem Turm herumgeklettert und abgestürzt. Oder gesprungen.«

Die Oberkommissarin kannte das Spiel. Männer taten oft so, als sei sie gar nicht anwesend. Und Austermann spielte bereitwillig mit. »Kein besonders gemütlicher Ort für nächtliche Klettertouren.«

Schmidt zuckte mit den Schultern. »Das Betreten des Geländes ist verboten. Aber Verbote reizen die Kids ja gerade.«

Demirel ließ die Männer stehen und ging zwischen den Streifenwagen hindurch zur Leiche.

Cem Ünel lag mit unnatürlich verdrehtem Kopf auf dem rissigen Beton.

Austermann kam hinter seiner Kollegin her und beäugte die Leiche mit Kennermiene. »Ich glaube, die Sachlage ist klar.«

Schmidt gab den beiden Bestattern am Leichenwagen ein Zeichen. »Ihr könnt ihn wegbringen.«

»Moment noch.« Demirel streifte sich Latexhandschuhe über und ging in die Knie.

Sie hob den Kopf des Jungen vorsichtig an. Glatte, dunkle Haut, schmale Nase. Lange, schwarze Wimpern. »Wenn er gesprungen wäre, müsste er größere Verletzungen am Kopf haben«, sagte sie. »Außerdem müsste hier viel mehr Blut sein.«

»Was wollen Sie damit sagen?«, fragte Schmidt verdutzt.

»Dass ihn jemand hergebracht hat.« Die Oberkommissarin richtete sich auf. »Die Leiche kommt nach Münster, ins Rechtsmedizinische Institut.«

Betretenes Schweigen. Dann sagte Schmidt: »Wir sind davon ausgegangen …«

»Ich verstehe«, unterbrach ihn Demirel, »es ist nur ein toter Türke.«

»So lasse ich mit mir nicht reden«, brauste Schmidt auf.

Sie schaute ihm in die Augen. »Sorgen Sie dafür, dass das Gelände bewacht wird.« Sie wandte sich an Austermann. »Rufen Sie den Erkennungsdienst in Münster an! Wäre zwar ein Wunder, wenn die noch was Brauchbares finden, aber von jetzt an geht das hier nach Vorschrift.«

»War das nötig?«, fragte Austermann, als sie zu ihrem Wagen gingen.

»Ja«, sagte Demirel.

Der Regen wurde dichter, als sie durch die Zechensiedlung fuhren. Viele Häuser waren in den letzten Jahren restauriert worden, das Haus, in dem Cem Ünel gewohnt hatte, gehörte nicht dazu.

Cems Mutter, eine rundliche Frau, die einen bunten Kittel und ein Kopftuch trug, schrie so laut, dass sich vor dem Zechenhaus ein kleiner Menschenauflauf bildete. Während Austermann verlegen auf seinen Notizblock starrte, telefonierte Demirel herum, bis sie Volkan, Cems älteren Bruder, in der Berufsschule erreichte. Als er schließlich kam, gelang es ihm, seine Mutter zu beruhigen.

»Mein Junge«, stammelte die Frau auf Türkisch, »er hat doch niemandem etwas getan.«

»Sprechen Sie bitte deutsch«, sagte Demirel, »damit mein Kollege auch etwas versteht.«

»Lassen Sie meine Mutter in Ruhe!«, fuhr Volkan sie an. »Die weiß nichts.«

»Und wie ist das mit dir?«

»Das waren die Russen.«

»Ach ja?«

»Das ist doch klar.«

»Wie kommst du darauf?«

»Die hassen uns. Wenn die einen von uns erwischen, machen sie ihn fertig.«

»War dein Bruder in einer Clique?«

»Nein. Cem hat immer hinter seinen Büchern gehockt. Er ist aufs Städtische Gymnasium gegangen. Verstehen Sie, was das heißt?«

»Ich kann es mir vorstellen.« Sie schaute zu Austermann, der eifrig mitschrieb. »Ich möchte mir sein Zimmer ansehen.«

»Wir haben ein gemeinsames Zimmer.« Volkan führte sie über eine schmale Treppe unters Dach. An den Schrägen hingen auf der einen Seite Poster von türkischen Popstars und Fußballspielern, auf der anderen Seite stand ein Bücherregal. Auf dem kleinen Schreibtisch, der zwischen Bett und Regal unter das Fenster geklemmt war, stapelten sich Bücher und DVDs. Demirel las die Titel. »Bergbau in Ahlen, Geschichte der Bergarbeiterbewegung.«

»Ein Tick von Cem«, sagte Volkan abfällig. »Er wollte eine Arbeit darüber schreiben. Die Geschichte des Bergbaus in Ahlen. Und wie die Türken nach Ahlen gekommen sind. Als ob das jemanden interessiert.«

»Was macht dein Vater?«, fragte Austermann.

»Der ist Kumpel. In Hamm. Hier ist ja nichts mehr los.«

»Lass Cems Sachen bitte so liegen«, sagte Demirel. »Wir werden vielleicht noch einmal wiederkommen.«

Volkan grinste verächtlich. »Hier werden Sie Cems Mörder nicht finden. Falls Sie ihn überhaupt finden wollen.«

Austermann pumpte sich auf. »Hör mal gut zu, Junge! Wir …«

»Austermann«, würgte ihn Demirel ab. »Wir gehen.«

»Was macht eine türkische Frau bei der deutschen Polizei?«, fragte Volkan auf Türkisch. »Sie wissen wohl nicht, wo Sie hingehören.«

»Was hat er gesagt?«, fragte Austermann, als sie das Haus verließen und sich einen Weg durch die Nachbarn bahnten.

»Nichts«, sagte Demirel und verbarg hinter einem unverfänglichen Lächeln, dass Volkans Bemerkung sie getroffen hatte.

Ihr Kollege ließ sich auf den Beifahrersitz fallen und guckte nach vorn. »Sie vertrauen mir nicht.«

Das hatte ihr gerade noch gefehlt. Sie atmete hörbar aus. »Haben Sie Hunger? In der Nähe gibt es ein paar Restaurants.«

»Soll das ein Friedensangebot sein?«

»So was Ähnliches.«

»Türkische Restaurants?«

»Ist das ein Problem?«

»Nein«, versetzte Austermann bissig. »Ich habe schon öfter Döner gegessen.«

Sie startete den Motor. »Dann ist es ja an der Zeit, mal was Neues auszuprobieren.«

Auf der Hansastraße reihte sich ein türkischer Laden an den anderen. Gemüsehändler, Reisebüros, Friseure, die unvermeidlichen Callshops.

»Alles zweisprachig«, stellte Austermann fest. »Man muss wohl kein Deutsch können, um hier zu leben.«

»Nein, muss man nicht.« Demirel zeigte auf ein Ecklokal. »Gehen wir dahin!«

»Sie kennen sich ja aus!«

»Ich bin hier aufgewachsen.«

»Tatsächlich?«

»Mein Vater hat auch auf der Zeche gearbeitet. Als das Bergwerk geschlossen wurde, sind meine Eltern dann weggezogen.«

»Die sind jetzt wohl mächtig stolz, dass ihre Tochter bei der Polizei gelandet ist?«

Demirel ging nicht darauf ein und öffnete die Tür des Restaurants. Was ging den jungen Schnösel ihre Familie an?

Eine Viertelstunde später stocherte Austermann lustlos in seinem Adana Kebap. »Sie haben mich da draußen wie einen Anfänger aussehen lassen.«

»Nun seien Sie nicht so empfindlich!«

»Glauben Sie etwa den Quatsch mit den Russen?«

»Warum nicht? Zwischen türkischen und Aussiedler-Jugendgangs kommt es ständig zu Reibereien. Warten wir die Obduktion ab. Dann wissen wir mehr.«

168

»Gute Idee«, sagte Austermann. »Mein Gehacktes ist übrigens versalzen.«

Aldo Pirsich winkte Demirel in sein Büro.

»Wir haben das Obduktionsergebnis«, sagte der Leiter des KK 11.

»Und?«

»Cem Ünel ist an einem Bruch der oberen Halswirbel gestorben. Keine typischen Aufprallverletzungen. Jemand hat dem Jungen das Genick gebrochen.« Pirsich trat ans Fenster und schaute hinaus. »Wir bilden eine Mordkommission. Nach außen werde ich die Leitung übernehmen, intern ist Schneyder der Chef.«

»Das kannst du nicht machen«, protestierte Demirel. »Das ist mein Fall. Du hast ihn mir gegeben.«

Der Hauptkommissar drehte sich um. »Ich habe ihn dir gegeben, als es nach Selbstmord oder Unfall aussah. Jetzt ermitteln wir wegen Mordverdacht. Schneyder ist Hauptkommissar und du nicht.«

»Dann will ich wenigstens mitmachen.«

»Das ist Schneyders Sache, wen er aussucht.«

Demirel lachte höhnisch. »Du weißt genau, dass er mich nicht leiden kann.«

Pirsich holte Luft. »Okay. Ich rede mit ihm.«

»Danke.« Sie ging zur Tür.

»Da ist noch etwas, Nursel.«

Sie blieb stehen.

»Austermann hat sich über dich beschwert. Du hättest ihn am Tatort bloßgestellt.«

»Er hat sich unprofessionell verhalten.«

»Die grüne Truppe hätte das nicht unbedingt mitkriegen müssen.«

Die Augen der Oberkommissarin blitzten vor Wut. »Das ist nicht dein Ernst, Aldo.«

Pirsich kaute auf seiner Unterlippe. »Austermanns Vater ist Oberstaatsanwalt. Der kann uns das Leben schwer machen. Halt dich einfach von ihm fern, Nursel!«

Bei der ersten Besprechung der Mordkommission am Nachmittag griff Schneyder nach einem Ausdruck, der vor ihm auf dem Tisch lag. »Das Vorstrafenregister von Volkan Ünel. Zweimal schwere Körperverletzung. Den sollten wir mal genauer unter die Lupe nehmen. Vielleicht hat es ja Konflikte in der Familie gegeben.« Schneyder schaute an Demirel vorbei. »Das übernehmen Gausepohl und Hannebach.«

»Eine ethnisch oder ausländerfeindlich motivierte Tat sollten wir ebenfalls in Betracht ziehen«, sagte Pirsich.

Demirel meldete sich.

»Ich denke nicht, dass du dafür geeignet bist, Nursel«, sagte Schneyder.

»Keine Angst«, erwiderte sie, »ich will den Russlanddeutschen nicht auf die Pelle rücken. Ich würde gern mit den Lehrern von Cem reden.«

»Meinetwegen. Aber das musst du allein machen. Dafür kann ich keinen zweiten Mann abstellen.«

Demirel lächelte. »Das ist schon in Ordnung.«

Klas Friese, der Geschichtslehrer von Cem Ünel, hatte gerade eine Freistunde, als Demirel am nächsten Morgen im Städtischen Gymnasium am Bruno-Wagler-Weg aufkreuzte. Der hagere Enddreißiger mit hoher Stirn und schütterem Nackenhaar lud die Oberkommissarin zu einer Tasse Kaffee ins Lehrerzimmer ein.

»Wir sind alle geschockt«, sagte Friese. »Cem war so ein ruhiger Junge, fleißig, lernbegierig. Wir haben hier nicht viele Kinder aus der Zechensiedlung.«

»Hatte er hier Feinde?«

»Nein. Natürlich gibt es ein paar Schüler, die rechte Sprüche klopfen. Aber Cem hielt sich von denen fern. Er war kein Draufgänger.«

»Und Freunde?«

»Auch nicht.« Er nahm einen Schluck von dem wässrigen Kaffee.

»Am ehesten Fabian. Die beiden haben zusammen an einem multimedialen Projekt gearbeitet.«

»Über den Bergbau?«, warf Demirel ein.

Friese nickte. »Genauer gesagt, über die Zeche *Westfalen* und die Zechenkolonie. Cem hat sich mit der Geschichte der Zeche beschäftigt und Fabian will die Entwicklung der Kolonie dokumentieren. Die beiden haben da ein paar Videoaufnahmen von Stadtteilfesten und Ähnlichem aufgetrieben.«

»Ich würde gern mit Fabian sprechen«, sagte Demirel.

»Sofort? Er hat Unterricht.«

»Sofort.«

»Ich weiß nichts«, sagte Fabian, noch bevor Demirel die erste Frage gestellt hatte.

»Was weißt du nicht?«

»Wer Cem umgebracht hat.«

»Woher weißt du denn, dass Cem ermordet worden ist?«

»Das sagen doch alle hier.« Fabian steckte seine Hände in die Hosentaschen, damit sie nicht sah, wie er zitterte.

»Warum bist du so nervös?«, fragte Demirel.

»Ich bin nicht nervös.«

»Wie bist du mit Cem ausgekommen?«

»Der war in Ordnung.«

»Geht das auch ein bisschen genauer?«

»Wir sind nicht zusammen weggegangen oder so.« Fabian fixierte einen Punkt unterhalb ihres Kinns. »Wir haben nur zusammen dieses Bergbauprojekt durchgezogen, mehr nicht.

In der Stadtbücherei jede Menge alte Zeitungsartikel rausgesucht, über Streiks, einen Mord in der Kolonie, was so passiert ist. Und Cem hat mit dem Piechowiak geredet.«

»Piechowiak?«

»Ein pensionierter Kumpel. Der hat schon vor vierzig Jahren auf *Westfalen* gearbeitet.«

»Hat dieser Piechowiak einen Vornamen?«

»Anton, glaube ich.«

»Danke«, sagte Demirel. »Das war's schon.«

»Sie kommen doch noch mal zu der Familie von Cem.«

»Wieso?«

»Er hatte zwei DVDs, die ich vom Kulturamt ausgeliehen habe. Da steht *Kolonie-TV* drauf. Können Sie die mitnehmen und hier im Sekretariat abgeben?«

»Warum fährst du nicht selber hin?«

»Ich weiß nicht …« Auf Fabians Gesicht breiteten sich rote Flecken aus. »Ich sag doch, wir waren keine Freunde oder so.«

Die Wohnung von Anton Piechowiak hätte dringend gelüftet werden müssen. Der bullige Rentner ging der Oberkommissarin voran und räumte ein paar Zeitungen beiseite. »Seit meine Frau tot ist, sieht's hier nicht mehr so ordentlich aus.«

An dem Porträtfoto einer Frau mit fleischigen Wangen und ondulierten Haaren auf dem Wohnzimmerschrank hing ein schwarzer Trauerflor.

»Woran ist Ihre Frau gestorben?«, fragte Demirel.

»An Krebs. Schon bitter, wenn man dreißig Jahre zusammengelebt hat.«

Sie setzte sich auf die Kante eines fleckigen Polstersessels. »Worüber haben Sie mit Cem Ünel geredet?«

Piechowiak zeigte eine Reihe gelber Zähne. »Sie sind auch so eine, oder?«

»Mögen Sie keine Türken?«

»Quatsch.« Der etwa sechzigjährige Mann strich sich über die Bartstoppeln. »Ich habe doch selber mit denen malocht. Zur Zeche *Westfalen* kamen sie von überall her: zuerst die Kumpel aus dem Ruhrgebiet, dann die Polen, Italiener, Holländer, Tschechen, Ungarn und schließlich die Türken. Unter Tage ist das egal, ob einer kein Schweinefleisch isst oder Bier trinkt. Hauptsache, du kannst dich auf ihn verlassen.«

Er kramte eine Packung Zigaretten heraus und steckte sich eine Filterlose an.

»In Ahlen gibt es nur eine Grenze«, sagte er nach dem ersten Zug. »Wissen Sie, wo die verläuft?«

»Ja. Westlich der Bahngleise wohnen die reicheren Leute und östlich die ärmeren.«

»Na, dann brauche ich Ihnen ja nichts zu erzählen.« Enttäuscht spuckte er einen Tabakkrümel auf den Teppich. »Erst war es mir ja nicht recht, als dieser kleine Türke hier auftauchte. War aber ein cleveres Kerlchen. Hab mich hinterher immer richtig gefreut, wenn er vorbeikam.«

»Komisch«, sagte die Oberkommissarin, »alle, mit denen ich geredet habe, mochten Cem. Aber irgendjemand hat ihn umgebracht.«

Piechowiak bekam einen Hustenanfall. »Tut mir leid, da kann ich Ihnen nicht helfen. Ich sitze den ganzen Tag in der Bude. Wegen meiner Staublunge musste ich auf dem Pütt aufhören.«

»Vielleicht sollten Sie das Rauchen aufgeben.«

Er hustete erneut. »Das sagt mein Arzt auch.«

Cems Mutter trauerte zusammen mit einer Gruppe älterer Frauen. Als Demirel das kleine Zechenhaus betrat, wurde sie feindselig empfangen. Sie wolle ihren Sohn beerdigen, rief Cems Mutter, warum verstecke man ihn in einem Krankenhaus.

Das sei in Deutschland Vorschrift, erklärte Demirel, sobald die medizinischen Untersuchungen abgeschlossen seien, werde die Leiche freigegeben.

Dann stieg sie rasch die Treppe hinauf. Bevor Volkan oder ein anderes männliches Familienmitglied auftauchte und Ärger machte, wollte sie wieder verschwunden sein. Ohne lange zu überlegen, packte sie die Bücher, kopierten Zeitungsartikel, Hefte und Videokassetten, die auf Cems Schreibtisch lagen, in seine Schultasche.

In den Räumen der Mordkommission herrschte hektische Betriebsamkeit. »Schneyder hat Volkan vorläufig festnehmen lassen«, erfuhr Demirel von Austermann. Nachbarn hätten beobachtet, dass es zwei Tage vor dem Mord einen heftigen Streit zwischen den Brüdern gegeben habe.

»Hat er eine Aussage gemacht?«, fragte Demirel.

»Nein.« Austermann senkte die Stimme. »An dem beißt Schneyder sich die Zähne aus.«

Wie auf Stichwort tauchte der Hauptkommissar in der Tür auf, die Krawatte gelockert, die Hemdsärmel aufgekrempelt. »Nursel, kannst du mal kommen? Der Junge weigert sich, deutsch zu reden.«

»Dann besorgt einen Dolmetscher!«

»Rede du mit ihm!«

Demirel betrat den Verhörraum. Volkan saß breitbeinig hinter dem Tisch und schaute nur kurz auf. »Geben Sie mir eine Zigarette?«

»Hier ist Rauchen verboten. Und rede deutsch, das Gespräch wird aufgezeichnet.«

»Mit türkischen Schlampen rede ich nicht deutsch.«

»Noch ein Wort und du kriegst eine Anzeige wegen Beleidigung.«

»Wie sind die denn so im Bett?« Er zeigte auf das verspiegelte Glasfenster.

Demirel ließ ein paar Sekunden verstreichen. »Worüber hast du dich mit deinem Bruder gestritten?«

»Ich habe mich nicht mit ihm gestritten«, sagte Volkan. »Ich war sein älterer Bruder.«

»Und er hat dich nicht respektiert?«

»Darum ging es nicht.«

»Worum dann?«

»Er hat gedacht, er sei was Besseres. Er wollte nichts mehr von seiner Familie und seiner Kultur wissen.«

»Und du hast ihm klargemacht, wo er hingehört?«

»Genau.«

»Und als er das nicht einsehen wollte, bist du mit ihm auf das Zechengelände gegangen.«

Volkan schrie: »Die Russen haben ihn umgebracht. Aber ihr wollt ja unbedingt mir den Mord anhängen.«

»Was hat er gesagt?«, fragte Schneyder.

»Dass er es nicht der Mörder ist«, antwortete Demirel.

Nachdem sie ihre Berichte getippt und dem Aktenführer gegeben hatte, fuhr sie mit Cems Schultasche nach Hause. Sie schob eine Tiefkühlpizza in die Mikrowelle und setzte sich dann mit der Pizza, einem Glas Rotwein und Cems Schreibheften ins Wohnzimmer.

Cem hatte sich akribisch mit der Geschichte des Bergbaus in Ahlen beschäftigt, angefangen mit dem Abteufen der beiden Schächte im Jahr 1909, als eine fast neunhundert Meter dicke Mergelschicht durchstoßen werden musste. So tief wie in Ahlen hatte man bis dahin noch nie gebohrt, die Zeche *Westfalen* war die heißeste und für die Bergleute unangenehmste Zeche im weiten Umkreis. Deshalb wurden vor allem die aufsässigen Kumpel aus dem Ruhrgebiet nach Ahlen geschickt. Mit der Steigerung der Kohleförderung wuchs der Bedarf an Arbeitskräften, Ostdeutsche und Zuwanderer aus vielen europäischen Ländern kamen nach Ahlen.

Demirel blätterte weiter. Zeitungsausschnitte, mit denen Cem das Zechenunglück von 1920 dokumentierte, als vierzehn Bergleute den Tod fanden, und den Luftangriff von 1944, als über zweihundertfünfzig Bomben die Zeche und die Kolonie trafen. Er schrieb über den Wiederaufbau nach dem Zweiten Weltkrieg und die Einwanderung der Türken in den Sechzigerjahren des zwanzigsten Jahrhunderts. Und noch mehr Zeitungsausschnitte.

Demirel lehnte sich zurück. Es war ein langer Tag gewesen und sie sehnte sich nach ihrem Bett. Einzig die beiden DVDs waren noch in der Schultasche. Sie nahm die Scheiben heraus: *Kolonie-TV. Stadtteilfest 1986.* Sie konnte sich an das Fest erinnern, damals war sie zehn Jahre alt gewesen, Cem noch nicht einmal geboren.

Gähnend schob sie die erste DVD in ihren Player. Reden von Offiziellen, Auftritte von Musikgruppen, Bauchtänzerinnen und verwackelte Interviews mit Stadtteilbewohnern. Bei einem Schwenk über das Festgelände entdeckte sie im Hintergrund Piechowiak. Er verließ in Begleitung einer Frau den Platz. Es war nicht die Frau, an deren Porträt der Trauerflor gehangen hatte.

Demirel spulte zurück und drückte auf die Standbildtaste. Das Foto dieser Frau hatte sie erst vor Kurzem gesehen. Es dauerte nicht lange, bis sie in Cems Kopien den richtigen Zeitungsartikel gefunden hatte.

Am nächsten Morgen erledigte Demirel im Präsidium einige Anrufe. Dann schrieb sie eine Notiz über ihre Spur und fragte sich, ob sie Pirsich über ihren Verdacht informieren sollte, entschied sich dann aber dagegen. Was sie entdeckt hatte, war für eine Beschuldigung viel zu vage.

Auf dem Weg zur Fahrbereitschaft lief ihr Austermann über den Weg.

»Wieder im Alleingang unterwegs, Kollegin?«

»Reine Routineüberprüfung.«

»Hören Sie, ich …«

Sie blieb stehen und schaute ihn an. Sein schiefes Grinsen sagte alles. Wortlos drehte sie sich um und ging weiter.

Piechowiak begrüßte sie in demselben fleckigen Pullover, den er schon gestern getragen hatte. »So viel Damenbesuch hatte ich schon lange nicht mehr.«

Die Oberkommissarin ging an ihm vorbei in die Diele. »Dabei sind Sie doch ein richtiger Frauenheld.«

»Ich?« Er hustete. »Was wollen Sie damit sagen?«

»Kennen Sie die rote Claudia?«

»Ach, die alte Geschichte.« Er wischte sich den Mund mit einem Taschentuch ab. »Wie lang ist das jetzt her?«

»Ziemlich genau zwanzig Jahre«, sagte Demirel. »Sie soll sich mit etlichen Ehemännern aus der Siedlung herumgetrieben haben. Eines Abends war sie verschwunden und ein paar Wochen später wurde ihre Leiche gefunden. Man hat ihren Schläger von Ehemann verhaftet, musste ihn aber wegen fehlender Beweise wieder laufen lassen.«

»Und was habe ich damit zu tun?«

»Zuletzt wurde sie auf dem Koloniefest 1986 gesehen. An dem Abend waren Sie mit ihr zusammen. Erinnern Sie sich?«

»Sie müssen sich irren.«

»Sie haben mir nicht erzählt, dass Sie nach Ihrer Zeit im Bergwerk noch eine Umschulung zum Masseur gemacht haben.«

»Und?«

»Ich schätze, Sie wissen, wie man jemandem den Hals bricht.«

Piechowiak schlug unvermittelt zu. Demirel versuchte, ihre Pistole aus dem Halfter zu ziehen, aber er drückte ihre Hand mit einem Schraubstockgriff nach unten, entriss ihr die Waffe und schleuderte sie eine Ecke. Seine Hand legte sich um ihren Hals und seine Finger fanden die Drosselvene sofort. Gelernt war eben gelernt.

Sie spürte noch, wie er zudrückte, dann verlor sie das Bewusstsein.

Als sie wieder aufwachte, war es Nacht. Ihre Füße schleiften über Schotterboden und sie hörte Piechowiaks pfeifenden Atem. Schemenhaft erkannte sie über sich ein Gebäude, das auf Stelzen stand.

Vorsichtig drehte sie den Kopf. Auf der rechten Seite ragten weitere, unbeleuchtete Gebäude auf. Und dann wusste sie, wo sie war. Auf dem Gelände der Zeche *Westfalen*, nicht weit von den Fördertürmen entfernt.

Piechowiak ließ ihren Oberkörper auf den steinigen Boden fallen.

»Ich weiß, dass Sie wach sind. Der kleine Türke war auch wach. Es hat ihm nichts genützt.«

»Der kleine Türke hatte einen Namen. Er hieß Cem.« Ihre Stimme kam ihr fremd vor.

»Der kleine Wichser hat sich da was zusammengereimt mit seinen Zeitungsausschnitten und diesem Scheißvideo. Hat mich blöd gefragt, ob die Polizei das weiß, von mir und der Claudia auf dem Koloniefest. Das konnte ich ihm nicht durchgehen lassen.«

Er beugte sich über sie. Sie nahm alle Kraft zusammen und schlug ihm ins Gesicht. Es wurde nur ein harmloser Wischer.

Piechowiak lachte heiser. »Sie sind ein freches Luder. Die rote Claudia war auch so eine. Hat Geld von mir verlangt, sonst würde sie ihrem Mann alles erzählen.« Er lachte noch mal. »Das war's dann, Frau Kommissarin.«

Demirel schnappte nach Luft, als er sie hochriss, den Arm um ihren Hals legte und die Hand an ihren Kopf, um gleich mit einem Ruck ihr Genick …

»Polizei!«, rief eine überschnappende Männerstimme. »Lassen Sie sie los!«

Austermann, dachte Demirel. Ausgerechnet Austermann.

»Das war sehr unvernünftig von Ihnen«, tadelte Austermann.

Sie saßen in seinem Wagen. Eine Streife, die er verständigt hatte, brachte Piechowiak weg. »Dieser Alleingang ...«

»Wie haben Sie mich gefunden?«, fragte Demirel mit krächzender Stimme. »Wer hat Sie hinter mir hergeschickt? Schneyder? Pirsich?«

»Keiner. Das war ein Alleingang von mir. Ich habe Ihre Notiz über die Spur Piechowiak gelesen und mir gedacht, dass Sie vielleicht Unterstützung brauchen könnten. Als ich in die Siedlung kam, habe ich grade noch gesehen, wie er mit seinem Golf losgefahren ist.«

Demirel sah müde am Förderturm hoch. »Und warum haben *Sie* niemanden informiert?«

Austermann rückte näher und sagte leise: »Wir haben den Fall gemeinsam gelöst, klar? Dann erzähle ich auch nicht, dass Sie Mist gebaut haben.«

»Sie sind ein Arschloch, Austermann.«

»Ich weiß«. Er lachte. »Aber das bleibt unter uns, ja?«

Das Manöver des letzten Augenblicks

Das Meer war ruhig. Zum Glück. Denn ich hatte keine Ahnung, wie man mit diesem Boot umging. Ein Shetland-Boot, hatte Herrmann gesagt, 86 PS, mit Dusche und WC, Kochnische und Kojen für vier Personen. Und einer Art Cabriodach, falls es mal regnete.

Der Besitzerstolz war Herrmann anzumerken. *Mein Boot, mein Pferd, meine Frau.* Nein wirklich, das brauchte ich nicht. Was war schön daran, in so einer Büchse herumzuschippern und sich hin und her schaukeln zu lassen? Nichts. Wasser war ein viel zu unsicheres Element, um mich darauf wohlzufühlen.

Zumindest allein. An Bord einer Fähre oder eines Kreuzfahrtschiffes konnte ich dem Meer vielleicht noch etwas abgewinnen. Aber nicht jetzt. Und nicht hier.

Vorsichtig fasste ich das Steuerrad an. Das Boot reagierte. Träger als ein Auto, aber immerhin. Ich betrachtete die Instrumente. Tankfüllung, Geschwindigkeit, Kompass. Was die anderen Geräte anzeigten, entzog sich meiner Kenntnis. Hoffentlich würde ich ohne sie wieder an Land kommen.

Herrmann hatte noch mehr erzählt. Über den niedrigen Tiefgang seines Motorbootes. Für das flache Wattenmeer besonders geeignet, hatte er lässig betont, aber nur bedingt hochseetauglich, höchstens bei schönem Wetter und ruhigem Wellengang. Dann könne man an der Küste entlangfahren.

»Und wo fahren wir hin?«, hatte ich gefragt. Ebenso lässig, wie ich hoffte.

Er lächelte kühl. »Wir kreuzen ein bisschen zwischen Küste und Inseln. Wenn's dir nichts ausmacht.«

»Nein.« Ich lächelte zurück. »Zur Not kann ich ja schwimmen.«

Er drehte sich um und nestelte an einem Seil. Oder war es ein Tau? Meine Bemerkung hatte ihm anscheinend nicht gefallen.

Und da war ich jetzt, auf dem Wattenmeer. Grau und schlammig schwappte es um mich herum. Links konnte ich die Küste sehen, rechts eine Insel. Juist, wenn ich mich nicht irrte.

Herrmann hatte ich erst vor drei Stunden kennengelernt. Leonie, seine Frau, kannte ich schon länger. Seit meinem letzten Gomera-Urlaub. Ich war allein da, Leonie mit zwei Freundinnen. Ihre Freundinnen interessierten mich keine Sekunde, obwohl sie keinen Ring trugen, im Gegensatz zu Leonie.

Es begann als harmloser Urlaubsflirt. Was war schon dabei? Nach zwei Wochen würde sie zu ihrem Mann zurückfahren. Noch ein paar E-Mails oder Telefonanrufe. *Wie geht's dir? Was machst du so?* Dann würde auch das einschlafen.

Am dritten Tag ließen wir ihre Freundinnen in der Kneipe zurück. Wir gingen zu dem winzigen schwarzen Sandstrand im Valle Gran Rey und schauten in den Nachthimmel. Am Anfang jedenfalls. Weil man von der Strandpromenade aus beobachten konnte, wie wir uns küssten, verzogen wir uns in mein Hotelzimmer.

Leonie blieb bis zum nächsten Morgen. Von da an verbrachte sie jede Nacht in meinem Bett. Ihre Freundinnen wurden immer wortkarger, wenn sie uns sahen. Wir ignorierten sie. Sie gehörten zu Leonies anderem Leben. Leonie und ich waren in eine Zeitfalte gefallen, es gab kein Davor und Danach. Deshalb sprachen wir nicht über Liebe. Liebe hätte etwas mit Dauer zu tun gehabt.

Trotzdem konnten wir die Zeit nicht aufhalten. Der Tag von Leonies Abreise rückte näher. Ihre Fröhlichkeit verschwand. Sie wurde nervös und bekümmert und steckte mich damit an. Stundenlang lagen wir schweigend nebeneinander im Bett.

Als sie in den Bus stieg, der sie und ihre Freundinnen zum Hafen bringen sollte, wischte sie sich ein paar Tränen von den Wangen. Sie habe etwas im Auge, sagte sie.

Ich ging zum Strand zurück und wusste nicht, was ich mit meiner restlichen Urlaubswoche anfangen sollte. Die Insel war grau, die Menschen waren grau, das Leben war grau. Ich schleppte mich von meinem Hotelbett zu meiner Strandliege und wartete darauf, dass die Tage vergingen. Es wurde die längste Woche meines Lebens.

Als ich nach Hause kam, fand ich mehrere E-Mails von Leonie in meinem Postfach. Sie schrieb darüber, dass die Zeit auf Gomera die schönste in ihrem Leben gewesen sei. Ich antwortete, natürlich. Aber ich sah keinen Sinn darin. Irgendwann würde eine Nachricht kommen, in der von *Vernunft* und *gründlichem Nachdenken* die Rede wäre. Warum dieses Ende unnötig hinauszögern?

Stattdessen schrieb Leonie, sie habe beschlossen, sich von ihrem Mann zu trennen. Ich sprang auf und tanzte in meiner Wohnung herum. Ich antwortete, dass ich sie lieben würde. Jetzt könne ich es ja sagen. Danach rief ich alle fünf Minuten meine E-Mails ab. Aber Leonie schrieb nicht mehr. Ich wählte ein paarmal ihre Telefonnummer und legte gleich wieder auf, weil ich immer ihren Mann in der Leitung hatte.

Am nächsten Tag hatte ich Mühe, mich auf die Arbeit zu konzentrieren. Meine Schüler begannen, sich über mich lustig zu machen, weil ich ständig vergaß, worüber wir gerade geredet hatten.

Am Abend klingelte das Telefon. Leonies Stimme klang zittrig: »Herrmann ist mit der Trennung einverstanden. Aber er stellt eine Bedingung. Er will sich mit dir treffen.«

Ich begriff, dass er neben ihr stand. »Warum nicht?«, sagte ich. »Kein Problem.«

»Er möchte mit dir eine Bootstour machen.«

»Boot?« Ich lachte gequält. »Ist das nötig? Können wir uns nicht an einem belebten Ort treffen?«

Eine wütende Männerstimme redete dazwischen, der Sprecher nahm Leonie das Telefon ab. »Wenn du ein Mann bist und meine Frau haben willst, wirst du mit mir aufs Meer rausfahren. Hast du verstanden?«

»Klar«, sagte ich. »Ich bin dabei.« Was blieb mir anderes übrig?

Ein Motorboot kam mir entgegen. Was sollte ich machen? Ich musste mir eine Geschichte überlegen. Irgendetwas Glaubwürdiges.

Ich versteckte mich unter Deck und wartete ab. Herrmann hatte auch über das Manöver des letzten Augenblicks geredet. Angeblich war das ein Begriff aus der Schifffahrt. Er bedeutete, dass man regelwidrig ausweichen darf, wenn das entgegenkommende Boot manövrierunfähig ist oder sich nicht an die Regeln hält. Aber aus Herrmanns Mund hatte es wie eine Drohung geklungen.

Eine Sirene scholl über das Wasser. Zwei Mal. Drei Mal. Wütende Rufe. Das andere Boot rauschte vorbei. Ich linste nach draußen.

Nicht mehr lange, dann würde die Küstenwache erfahren, dass ein führerloses Boot durch das Wattenmeer trieb. Die Zeit wurde knapp.

»Wie kommst du darauf, dass ich dir meine Frau überlasse?«, hatte Herrmann gefragt, als wir weit genug von der Küste entfernt waren.

Herrmann besaß ein Restaurant in Norddeich. Dass er täglich Töpfe, Kisten oder was auch immer stemmte, sah man seinen Oberarmen an. Ich dagegen weihte meine Schüler in die Geheimnisse der griechischen Philosophie und des

Plusquamperfekts ein. Doch davon bekam man keine dicken Muskeln.

»Meinst du nicht, dass Leonie selbst entscheiden kann, was sie will?«, hatte ich zurückgefragt.

»Nein«, sagte Herrmann. »Du hast ihr den Kopf verdreht. Sie weiß nicht, was sie will. Das müssen wir unter uns ausmachen.«

Er nahm einen Schraubenschlüssel in die rechte Hand und ließ das freie Ende auf die Handfläche der linken klatschen. Selbst wenn das Meer wärmer als zwölf Grad gewesen wäre, hätte ich es wohl kaum bis zur Küste geschafft.

»Was erzählst du Leonie, wenn du allein zurückkommst?«, fragte ich. »Glaubst du, sie geht nicht zur Polizei?«

Herrmann baute sich vor mir auf. »Wer sagt denn, dass ich dich umbringen will?«

Ich hatte nur eine Chance, ich musste ihn überraschen.

Als er über Bord flog, riss er Mund und Augen auf. Damit hatte er definitiv nicht gerechnet.

Keine zwei Sekunden später hing er an der Bordwand. »Du Arsch! Was hast du dir dabei gedacht? Ich …«

Ich richtete die Signalpistole, die in dem Fach unter dem Steuerrad gelegen hatte, auf seine Brust.

»Bist du verrückt?«, schrie Herrmann und versuchte, sich hochzuziehen.

Ich drückte ab. Die Signalrakete explodierte in seinem Körper. Rot glühend schoss er durch das Wasser.

Das andere Boot hatte sich inzwischen so weit entfernt, dass ich wieder an Deck gehen konnte.

Mein Handy piepste. Eine SMS. Von Leonie.

*Herrmann will dich nur erschrecken. Er ist harmlos. Vertrau mir! *Leonie*

Anhang

Der Krötenmann, Originalveröffentlichung

Der Rest ist Schweigen, aus: *Mörderisches Münsterland* (Hg. Sandra Lüpkes und Jürgen Kehrer), Hillesheim: KBV Verlag, 2010

Wilsberg und der dritte Mann, aus: *Schöne Leich' in Wien* (Hg. Angela Eßer), Dortmund: Grafit Verlag, 2008

Raucher sind Mörder, aus: *Der Mörder kennt die Satzung nicht* (Hg. Leo P. Ard), Dortmund: Grafit Verlag, 1996 (überarbeitete Fassung 2007)

Wilsberg und die Leiche mit dem Löffel, Originalveröffentlichung

Wilsberg am Hellweg – Chronik eines annoncierten Todes, aus: *Mord am Hellweg IV* (Hg. H. P. Karr und Herbert Knorr), Dortmund: Grafit Verlag, 2008

Mein Name ist Li, Schmutzli., Originalveröffentlichung

Wilsberg – Eine Weihnachtsgeschichte, aus: *Mordsweihnachten* (Hg. Jan Costin Wagner), Reinbek: Rowohlt Verlag, 2010

Zweites Leben, zweiter Tod, veröffentlicht als Download im Internetportal der Buchhandelskette Jokers

Von Schleim bis Hammerhart, aus: *Mörderisches vom Rothaarsteig,* Dortmund: Grafit Verlag, 2012

Leer kann auch grausam sein, aus: *Morden im hohen Norden* (Hg. Jürgen Alberts), München: Wilhelm Heyne Verlag, 2006

Der Kaplan klebt Pappplakate, aus: *Wer tötete Fischers Fritz?* (Hg. Sandra Lüpkes), Hillesheim: KBV Verlag, 2008

Mord im Samba-Express, aus: *Radieschen von unten* (Hg. Gesine Schulz und Ina Coelen), Krefeld: Leporello Verlag, 2006

Glück ab in Ahlen, aus: *Mord am Hellweg III* (Hg. H. P. Karr und Herbert Knorr), Dortmund: Grafit Verlag, 2006

Das Manöver des letzten Augenblicks, aus: *Tot auf Töwerland* (Hg. Jan Zweyer und Thomas Koch), Dortmund: Grafit Verlag, 2009

Wilsberg-Krimis von Jürgen Kehrer

»Kehrer hat nicht nur ein Gespür für das perfekte Timing in der Wahl seiner Themen. Er verknüpft auch gründlich recherchierte Fakten so geschickt mit gewagter Fiktion, dass die Grenzen dazwischen verschwimmen. Respekt!«
Westdeutsche Allgemeine Zeitung

Die lieferbaren Wilsberg-Krimis in der Reihenfolge ihres Erscheinens:

Und die Toten läßt man ruhen. Vom ZDF verfilmt.
ISBN 978-3-89425-006-5

In alter Freundschaft. Vom ZDF verfilmt.
ISBN 978-3-89425-020-1

Kein Fall für Wilsberg. ISBN 978-3-89425-039-3

Wilsberg und die Wiedertäufer. Vom ZDF verfilmt.
ISBN 978-3-89425-047-8

Schuß und Gegenschuß. ISBN 978-3-89425-051-5

Das Kappenstein-Projekt. Vom ZDF verfilmt.
ISBN 978-3-89425-073-7

Das Schapdetten-Virus. ISBN 978-3-89425-205-2

Irgendwo da draußen. ISBN 978-3-89425-208-3

Der Minister und das Mädchen. Vom ZDF verfilmt.
ISBN 978-3-89425-216-8

Wilsberg und die Schloss-Vandalen. ISBN 978-3-89425-237-3

Wilsberg isst vietnamesisch. Vom ZDF verfilmt.
ISBN 978-3-89425-262-5

Wilsberg und der tote Professor. Vom ZDF verfilmt.
ISBN 978-3-89425-272-4

Wilsberg und die Malerin. ISBN 978-3-89425-280-9

Blutmond – Wilsberg trifft Pia Petry.
Gemeinsam mit Petra Würth. ISBN 978-3-89425-311-0

Wilsberg und die dritte Generation. ISBN 978-3-89425-327-1

Todeszauber - Wilsberg trifft Pia Petry.
Gemeinsam mit Petra Würth. ISBN 978-3-89425-344-8

Wilsbergs Welt. Kurzgeschichten mit und ohne Wilsberg.
ISBN 978-3-89425-404-9

Ein mutiertes Virus gibt Rätsel auf

Jürgen Kehrer

Fürchte dich nicht!

ISBN 978-3-89425-387-5

Um die Durchführung eines internationalen Gipfeltreffens auf Norderney nicht zu gefährden, soll vertuscht werden, dass Deutschland eine Epidemie droht. Zecken übertragen ein Virus, das bei den Gestochenen zu irrationalem Verhalten führt, häufig mit Todesfolge.

Kommissar Martin Geis und die Wissenschaftlerin Viola de Monti machen sich entgegen oberster Weisung auf die Suche nach der Quelle des mutierten Virus – ist es das Produkt menschlicher Forschung?

»Jürgen Kehrer gelingt ein brillanter Wissenschaftsthriller.« Westdeutsche Zeitung

»Glaubwürdige Charaktere und eine so interessante wie spannende Geschichte.« Hamburger Morgenpost

»Inspiriert von Klimawandel, Zecken-Ausbreitung und G8-Gipfel hat Kehrer einen interessanten Plot entworfen und mit feiner Ironie und gut gezeichneten Charakteren zweier gebrochener Helden einen gelungenen Wissenschaftsthriller vor heimatlicher Nordseekulisse verfasst.« ekz-Informationsdienst

»Kehrers pointiert geschriebenem Roman gelingt es, einen Verschwörungsplot US-amerikanischer Machart überzeugend in Norddeutschland anzusiedeln.« Kieler Nachrichten

»Der Thriller von ›Wilsberg‹-Autor Jürgen Kehrer bietet Hochspannung bis zur letzten Seite.« Kölnische Rundschau

»Dass Kehrer sich eine solche Geschichte ausdenkt, die zu Zeiten von Mexikanischer Grippe gar nicht aktueller sein kann, ahnte er vermutlich selbst nicht.« Rheinische Post

»Ein erfrischend norddeutsches Szenario, das zeigt, dass sich spannender Krimistoff auch hinter der nächsten Düne inszenieren lässt.« Brigitte

Wilsbergs junge Kollegin Lila

Lucie Klassen (jetzt Flebbe)

Der 13. Brief

ISBN 978-3-89425-349-3

Die 20-jährige Lila pfeift auf das von ihren Eltern für sie geplante Jurastudium und erschleicht sich bei Privatdetektiv Danner erst einen Schlafplatz, dann einen Job. Unversehens landet sie wieder auf der Schulbank …

»Eines ist dieses Debüt von Lucie Klassen nämlich keinesfalls: langweilig oder gar deprimierend.« Die literarische Welt

»Intelligent, respektlos, humorvoll.« Neues Deutschland

Lucie Flebbe (vormals Klassen)

Hämatom

ISBN 978-3-89425-367-7

Als Krankenhauspatientin wird Lila Ziegler Zeugin, wie eine junge Putzfrau an einem Herzinfarkt stirbt. War das tatsächlich ein natürlicher Tod?

»Zweifellos beweist Lucie Flebbe auch in ihrem Zweitling ihr großes Talent.« Deister- und Weserzeitung

»Da ist es wieder, das neue Krimiwunder: Lucie Flebbe schreibt sich mit ihrem zweiten Roman ›Hämatom‹ ganz ungeniert weiter in die Spitzengruppe des deutschen Krimis.« Focus online

Lucie Flebbe (vormals Klassen)

Fliege machen

ISBN 978-3-89425-381-3

Ein Hund ist schuld, dass Lila Ziegler auf der Straße landet. Sie mischt sich unter die Obdachlosen und Straßenkids, um einen Mann namens ›Fliege‹ zu finden – ein eiskalter Job!

»Wenn Lila eine kleine Typologie von Kindergartenmüttern erstellt oder die Macken frustrierter Mittvierzigerinnen analysiert, verbindet sich die bissig-blumige Metaphorik Raymond Chandlers mit dem Lästerton, wie er in den Kolumnen von Frauenzeitschriften üblich ist – eine wunderliche, aber interessante Mischung.« Süddeutsche Zeitung

Wilsberg auf Schweizer Art

Sunil Mann

Fangschuss

ISBN 978-3-89425-369-1

Der erste Fall für Vijay Kumar

Vijay Kumar ist frischgebackener Privatdetektiv – und schon
desillusioniert: Seine erste Auftraggeberin ist eine nervtötende
Frau, die ihre Katze vermisst. Nur eine gehörige Portion Selbst-
ironie hilft ihm, aufkommende Zweifel an seiner Berufswahl
zu verdrängen.

Doch auch sein zweiter Auftrag ist weder lukrativ noch Glanz und
Ruhm versprechend: Die junge Ness macht sich Sorgen um ihren
Freund, den Drogendealer Philipp. Lustlos hört sich Vijay in der
Szene um und merkt erst, als er über eine Leiche stolpert, dass er
längst selbst in Gefahr schwebt. Eine Jagd beginnt – durch das noble
Zürcher Bankenviertel bis in die Einsamkeit einer Berghütte.

*»Neben den hellwachen sozialen Beobachtungen ist es dieser
liebevoll-ironische Tonfall, der Sunil Manns ersten Krimi so
sympathisch macht.«* SonntagsZeitung (CH)

Sunil Mann

Lichterfest

ISBN 978-3-89425-384-4

Der zweite Fall für Vijay Kumar

Vijay Kumar ist irritiert: Der Zürcher Medientycoon Blanchard be-
auftragt ausgerechnet ihn, seine verschwundene Putzfrau Rosie zu suchen. Und bietet dem indischstämmigen Detektiv dafür ein saftiges
Honorar. Was ist so besonders an Rosie?

Chronisch in Geldnot macht sich Vijay an die Arbeit und findet heraus, dass Rosies Neffe der Junge ist, der am Vorabend von einem
Schlägertrupp bewusstlos geprügelt wurde. Als dann der rechte Poli-
tiker Graf tot aufgefunden wird, bekommt der Fall eine neue Dimen-
sion – denn auch bei Graf hat Rosie geputzt.

*»Sunil Mann, im Berner Oberland als Sohn indischer Einwanderer
aufgewachsen, erzählt mit coolem Witz und in flottem Tempo.«*
NZZ am Sonntag